奇迹

发展背后的中国经验

【日】和中清 著
何蓓蕾 译

人民东方出版传媒
People's Oriental Publishing & Media
東方出版社
The Oriental Press

图书在版编目（CIP）数据

奇迹：发展背后的中国经验 /（日）和中清 著；何蓓蕾 译 . — 北京：东方出版社，2019.9

（“外国学者看中国”系列丛书）

ISBN 978-7-5207-1089-3

Ⅰ. ①奇…　Ⅱ. ①和… ②何…　Ⅲ. ①中国经济－经济发展－研究②社会发展－研究－中国　Ⅳ. ① F124 ② D668

中国版本图书馆 CIP 数据核字（2019）第 141854 号

奇迹：发展背后的中国经验

（QIJI:FAZHAN BEIHOU DE ZHONGGUO JINGYAN）

作　　者：[日] 和中清
译　　者：何蓓蕾
策 划 人：吴常春
产品经理：王丽娜
责任编辑：王丽娜
出　　版：东方出版社
发　　行：人民东方出版传媒有限公司
地　　址：北京市朝阳区西坝河北里 51 号
邮　　编：100028
印　　刷：北京盛通印刷股份有限公司
版　　次：2019 年 9 月第 1 版
印　　次：2019 年 9 月第 1 次印刷
开　　本：889 毫米 ×1094 毫米　1/32
印　　张：9.75
字　　数：120 千字
书　　号：ISBN 978-7-5207-1089-3
定　　价：48.00 元
发行电话：（010）85924663　85924644　85924641

前言

中国为何能以世界罕见的高速发展至今？如果要寻求原因的话，笔者认为可从政治、经济、历史、社会及文化等多方面进行考察。

“十三亿多人的市场经济社会”，这在世界上也是没有先例的。仅从日本在内的发达国家的经验来推测，很难看清中国的真实情况，需要在了解中国的情况下进行相关分析。

在这本书中，笔者将从思想与理念、政治与领导人、中国社会与中国人、中国经济等四方面考察中国发展的原因，并将其总结为12个因素。

其中，思想与理念主要指的是领导人的思想，这是在思想层面上影响其他因素的基础。

政治与领导人，考察的是政治运行的方式，以及领导人的领导力如何影响中国经济的发展。

中国社会与中国人则聚焦于中国社会的风土人情，以及承担社会发展任务的中国人本身。

中国经济考察的是经济战略和经济运营如何引领经济发展。

笔者与中国的缘分始于1991年。自此以后，每个月都往返于日本与中国之间。近30年来，笔者在中国生活的时间比在日本生活的时间还要长。在本书中，笔者分析了中国经济的发展原因，总结为12个因素。这是笔者近30年间亲身接触很多中国朋友，在中国各地实际访问，持续不断观察中国城市和农村面貌发生的改变，进行思考而总结出的，可以说是笔者近30年经历的一个总结。

在这12个因素中，笔者认为“和平主义”是首要因素，是中国经济发展的重要原因。

只有实行和平主义，中国的政治、经济、国民生活才能稳定，中国经济才有可能实现令人惊讶的飞速发展。正是因为彻底实行了和平主义，中国才获得了世界的认可，增强了存在感，从而实现快速发展。

但是，在日本和美国，对中国的“和平发展理念”持不同意见的人很多。笔者若在日本谈论中国的和平发展理念，一定会受到批评和攻击。

因此，在讲述中国的和平发展理念时，首先要预想会有哪些人持不同意见，为什么会产生这些不同意见。当笔者把中国发展的第一要素归结为和平发展理念时，就想好了如何来应对由此而来的反对意见。阐述清楚这一点，也有助于加深日本对中国经济发展原因的理解。

大家为何对中国的和平主义持有不同意见？笔者认为，主要原因在于日本的右翼政客和知识分子对关于中国的信息进行歪曲，形成右倾的反华舆论，由此产生的紧张、对立情绪又被日本政治界利用，美国的态度也是原因之一。因此，在第二章中，笔者对日本右翼的反华活动现状进行了阐述。

如果不是这样的信息歪曲，日本人也应该是希望日中友好的吧。

本书计划在中国、日本、韩国等国和东南亚地区出版。

相信大多数读者感兴趣的不仅是中国经济为何发展，还有中国今后将走向何方。

在 2017 年秋天召开的中国共产党第十九次全国代表大会上，习近平总书记将中国的新指导思想定义为“习近平新时代中国特色社会主义思想”。“新时代”这一概念受到关注。“新时代”指的是什么？在新时代里中国将如何变化？今后会走向何方？

30 年间，笔者目睹并亲身感受了中国经济的发展与成长，对中国的未来比较有信心。

笔者认为，讲清楚中国“为何发展壮大”，“今后将走向何方”也是自己的使命所在。

回顾中国的发展历程，笔者感受到在这一过程中，中国拥有很多在日本已经被遗忘的优点。这些优点的丧失正是日本没落的原因，这一点将在第四章中进行总结。中国发展的原因中也蕴含着其他发展中国家实现进步发展的启示，这也是支撑世界增长中心——亚洲经济飞跃发展的主要因素。

坦诚地向中国学习，从中也能获得日本经济复苏的契机，而中国也不能疏忽大意，重蹈日本的覆辙。我们期待中国能早日迎来精彩纷呈的“和谐社会”，实现民族复兴的伟大梦想。

目 录

第一章 中国经济发展的原因

第一节 和平主义 003

“和平主义”是发展的重要原因 / 003

深切认识到和平来之不易的中国人 / 004

以和为贵 / 006

坚持“王道”的中国 / 007

“乐以天下”的中国 / 009

具有崇高理念的“日内瓦”演讲 / 010

桃李不言，下自成蹊 / 011

第二节 市场经济和对外开放 015

不能关起门来搞建设 / 015

海外旅游也是“和平主义”和“开放”的体现 / 017

“社会主义市场经济”是伟大的发明 / 019
贫富差距和希望 / 021

第三节 科学技术的发展 023
重视创新的历史传统 / 023
传统的开拓者精神 / 025
科学技术的发展 / 027
举国致力科技振兴 / 029
1970 年成功发射人造卫星 / 032
进步始于对其他国家的技术研究 / 033

第四节 政治的稳定 036
“快速民主化建议”的戏言 / 036
中国并非独裁国家 / 037
通过一党执政实现中国的稳定 / 038
中国式的民主化 / 039
坚实的政治手腕 / 041

第五节 领导人的理念 043
邓小平是一个有信念的人 / 043
后富者的忍耐 / 045
对邓小平产生的共鸣 / 046

成果的共享 / 048
独立自主的发展道路 / 050
从历史中学习，并进行讲述 / 052
亚洲的矜持与骄傲 / 053

第六节 战略的强大与勇气 056
战略变强大的原因 / 056
地理因素 / 057
从零起步 / 058
巨大的人口压力 / 059
务实的政治 / 060

第七节 社会的风土人情 062
科学的进步和海外留学 / 062
中国人的顽强 / 065
管与放的和合 / 066
“没问题” / 067
“马马虎虎” / 069
关系社会 / 071
面子社会 / 072
常识所不能预测的发展 / 074
女性在社会上的活跃 / 075

第八节　农村的稳定和农民工的贡献　077
农村社会的稳定　/ 077
老实而积极上进的农民工　/ 078

第九节　中产阶级的扩大和巨大的市场　081
城市中产阶级的扩大　/ 081
世界的市场　/ 082
消费支撑经济　/ 083
劳动分配率并不低　/ 085
统计中没有体现的消费　/ 088

第十节　住房建设和需求　092
住房对经济的影响　/ 092
巧妙地给过热经济降温的政策　/ 093
解读特殊性　/ 095

第十一节　经济运营的巧妙　099
社会存量的增大　/ 099
新常态　/ 100
金融制度　/ 102
影子银行的贡献　/ 104
战略的投资　/ 107

巧妙的分散战略 / 108
经济圈的有机结合 / 112
多元化的企业社会 / 115
私营企业 / 116

第十二节 上海的作用 118
复苏的魔都 / 118
“剧场”式的城市 / 120
上海的活力 / 122

第二章 谁在轻视中国的和平主义？

第一节 故意制造对立的信息操控及误解 127
七大对立因素 / 127
充斥日本的反华书籍和反华杂志 / 129
谎言带来的混乱 / 130
故意制造“霸权国家”的舆论 / 131
对霸权主义的反驳 / 133
信息操控的背景 / 134
对中国信息的误解 / 136
想当然的贫富差距扩大 / 137
偏颇的正义感 / 139

第二节　对“中国威胁”的政治利用　141

安倍首相参与录制的右翼视频媒体　/ 141

对美军的战争协助法案　/ 142

关于中国崛起的渲染和利用　/ 143

安倍首相撰写的反华书籍　/ 145

台湾独立运动知识分子的献金　/ 147

媒体对策　/ 148

为何安倍政府能持续下去　/ 150

在安倍政府下，不推进中日友好更好　/ 151

第三节　日本会议和右翼政客　154

对和平友好的努力和妨碍　/ 154

由友好转为紧张　/ 155

制造中日对立的右翼组织“日本会议”　/ 157

宣扬“中国威胁”的学习会　/ 159

第四节　历史修正主义教育　160

右倾化的日本　/ 160

学校里不教的历史真相　/ 162

对侵略历史避而不谈的教科书　/ 163

安倍首相的书中提到“历史的捏造”　/ 165

第五节 破坏中日友好的靖国神社 168

靖国神社是“另类的神社” / 170

利用“靖国神社的对立” / 171

第六节 美国对南海的介入 173

南海问题的实质 / 173

中国与东盟（ASEN）的合作与努力 / 174

美国破坏南海和平 / 176

美国的欺骗性 / 177

第七节 中日两国在钓鱼岛问题上的对立 180

右翼与钓鱼岛 / 180

日本右翼制造的对立 / 181

周恩来与田中角荣的约定 / 182

日本人的信誉遭遇考验 / 185

第八节 对中日友好的建议 187

子孙也应背负十字架 / 187

孩子是父母的一面镜子 / 188

三个建议 / 189

以德报怨 / 191

己所不欲，勿施于人 / 192

“浩然正气”的胡耀邦在日本国会的演讲 / 194
对独特性的理解与包容 / 195
报恩之路 / 196

第三章 新时代是什么？中国将走向何方？

第一节 思考 2020 年后的风险 201

“新时代”到底是什么？ / 201
社会的空洞化 / 202
以自我为中心 / 204
高成本社会 / 206
诚实的缺失 / 207
制造业的衰退 / 208
中小企业发展迟缓 / 210
服务业的瓶颈 / 211
财政负担的增大 / 213

第二节 新时代是什么？ 215

中华人民共和国成立 100 年时的目标 / 215
读懂中国的关键词 / 217
在“五大发展理念”指导下前进的中国 / 218
改革与协调 / 219
社会的理解与接纳 / 220

"和光同尘" / 221
本质上非常"有人情味"的中国社会 / 222
动摇社会主义根基的腐败 / 224
改革制造业的氛围 / 225
时代的转变 / 226

第三节 解读今后的中国 228
持续成长 走向共同富裕 / 228
极高的潜在增长力 / 229
城市中产阶层 / 231
新消费和服务社会 / 232
中国制造 2025 / 235
环境 / 237
新能源汽车大国 / 241
国际上对"中国政治"的评价 / 243
对和平发展道路的理解 / 245
美国威信下降和对中国信任的提高 / 247
扶贫攻坚 / 248
社会安定化 / 250

第四章　为何日本会一蹶不振

第一节　“政治的轻率”和“诚实的丧失”　255

日本从停滞走向没落的七大原因　/ 255

缺乏“节操”的国家　/ 256

政治的轻率　/ 258

世袭　/ 260

社会缺乏“认真与诚实”　/ 261

第二节　没有“亚洲之矜持”的日本　263

安倍首相在美国国会的演讲　/ 263

看美国脸色的政治　/ 265

不能与成长的亚洲团结合作的日本　/ 266

第三节　债台高筑的日本　268

财政收入的 38% 用于偿还债务　/ 268

第四节　战略的缺失　272

渴饮盗泉水　/ 272

东京单极化集中的经济　/ 273

老龄化社会　/ 276

第五节　困于内部的社会氛围　277

枪打出头鸟的日本　/ 277

待在日本不愿走出去的年轻人　/ 279

害怕风险的日本社会　/ 281

第六节　应对成长中市场的迟缓　284

对市场的错误解读　/ 284

对质量和技术的讲究　/ 285

大家一起走就不害怕　/ 288

考验自身能力的市场　/ 290

参考文献　/ 293

第一章

中国经济发展的原因

第一节　和平主义

“和平主义”是发展的重要原因

笔者在本书中将中国的发展原因归结为思想与理念、政治与领导人、中国社会和中国人、中国经济等四个方面，每个方面均从三个角度进行阐述，共包括 12 个因素。思想与理念是指领导人的信念、想法，这是支撑经济发展的基础。政治与领导人是思想、理念的载体，本书从引导 13 亿多中国民众前进的政治体制，领导人的手腕、领导力等角度总结了中国经济发展腾飞的原因。在中国社会与中国人这部分则聚焦于中国社会的特殊性、风土人情，以及推动中国经济飞跃发展的中国人。最后的中国经济这部分主要分析了引领中国经济发展的投资，以及政府对经济的运营管理给经济发展带来的影响。

这 12 项内容中，和平主义是首要的因素，它是各要素中最为重要的。

正因为中国贯彻了和平主义，才奠定了中国政治、国民生活、经济发展的基础。安定的局面使中国迎来了令人惊异的发展。现在，中国是世界排名第二的经济大国，同时与世界各国往来频繁，在国际舞台上的影响力不断扩大。也正是因为贯彻了和平主义，中国才在世界上逐渐有了存在感，并引领了经济的发展。

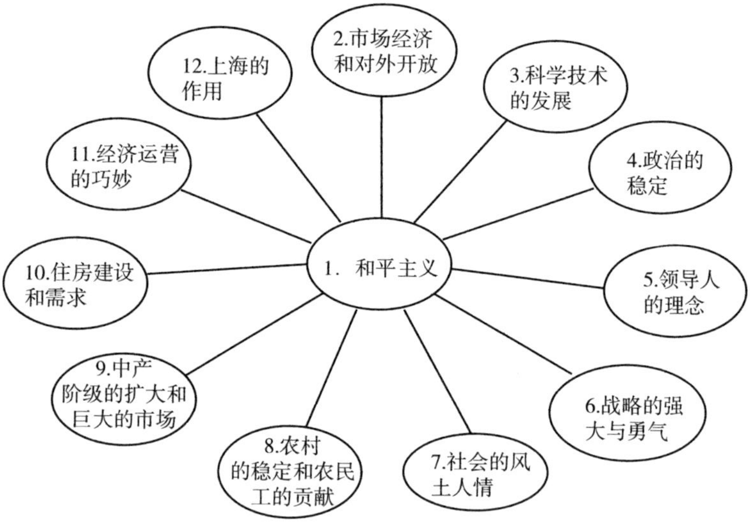

图 1　中国经济发展的 12 项因素细分

深切认识到和平来之不易的中国人

和平主义是贯穿现代中国所有阶段的思想，深入人心，造就了中国的飞速发展。中国以和平主义为基础，现在又进入了新时代和社会主义现代化阶段，这部分内容包括在第三章里。

中国在近代曾遭受过近邻日本，以及英国等西方列强的侵略。因为日本的侵略，很多中国人失去了宝贵的生命。如今，在中国各地还能挖出日本军队当年遗留下的化学武器。目睹这些的中国人，应该更能近距离地感受到战争和被侵略的历史。国土曾经沦为殖民地、遭受侵略者掠夺和屠戮的中国人，更能感受到和平的来之不易。

中国国务院2005年12月发表的《中国的和平发展道路》白皮书中有如下阐述："中国坚定不移地走和平发展道路，是基于中国国情的必然选择。1840年鸦片战争以后的100多年里，中国受尽了列强的欺辱。消除战争，实现和平，建立独立富强、民生幸福的国家，是近代以来中国人民孜孜以求的奋斗目标。"①

此外，中国国务院2011年9月发表的《中国的和平发展》白皮书也进行了如下总结：

"中华民族是爱好和平的民族。中国人民从近代以后遭受战乱和贫困的惨痛经历中，深感和平之珍贵、发展之迫切，深信只有和平才能实现人民安居乐业，只有发展才能实现人民丰衣足食，把为国家发展营造和平稳定的国际环境作为对外工作的中心任务。同时，中国积极为世界和平与发展作出自己应有的贡献，绝不搞侵略扩张，永远不争霸、不称霸，始终是维护世界和地区和平稳定的坚定力量。"②

---

① 《中国的和平发展道路》白皮书，2005年12月，人民网。

② 《中国的和平发展》白皮书，2011年9月，人民网。

根据“互相尊重领土主权、互不侵犯、互不干涉内政、平等互惠、和平共处”的五项原则，与国际社会共同推进持久和平、共同繁荣的和谐世界建设也是中国的核心理念。

日本是进行过侵略的国家，因此不能理解被侵略国的想法，故此还有人能说出否定侵略的荒谬言论。《中国的和平发展》白皮书中所阐述的文字是中国民众最殷切的期望。“和平主义”是支撑中国改革开放，引领中国发展的最大因素。

以和为贵

习近平主席在出席 2013 年 4 月海南省博鳌举办的博鳌亚洲论坛年会开幕式时，曾发表了如下一段话。

“人类只有一个地球，各国共处一个世界。我们生活在同一个地球村，应该牢固树立命运共同体意识，推动亚洲和世界发展不断迈上新台阶。国际社会应该倡导综合安全、共同安全、合作安全的理念，使我们的地球村成为共谋发展的大舞台，而不是相互角力的竞技场，更不能为一己之私把一个地区乃至世界搞乱。”

习近平主席还从中国传统文化的角度，以“一花独放不是春，百花齐放春满园”作比喻，讲了共同发展的重要性。

“以和为贵”的精神是中华民族在 5000 年历史中孕育而成的精神。在春秋战国等多个历史时期，中国曾饱经战乱，也曾受到北方匈奴的威胁，近代以来又遭受日本和西方列强的侵略，对中国而言，和平之珍贵，是任何事物都无法替代的。

《中国的和平发展》白皮书阐述的“永远不争霸、不称霸”，是中国历史代代传承的思想精髓。

“己所不欲，勿施于人”这一思想为中国历代领导人代代传承，成为中国和平主义的基石。

孔子讲“己所不欲，勿施于人”，说的是自己不希望做的事情，也不要强加于别人，与人相处时能自我节制，如此一来就能带来和谐。

“己所不欲，勿施于人”也是中国外交的基础。

习近平主席提到“几千年来，和平融入了中华民族的血脉中，刻进了中国人民的基因里”。[①]

坚持“王道”的中国

社会主义现代化是和平共处五项原则的基础。曾深受帝国主义、殖民主义、霸权主义压迫的中国，坚定不移地走和平主义道路，努力实现社会主义现代化是中国人民真实的想法。

1974 年 4 月 10 日，邓小平在联合国大会第六次特别会议上发言中指出，中国现在不是，将来也不做谋求世界霸权的帝

---

① 习近平:《共同构建人类命运共同体——在联合国日内瓦总部的演讲》(2017 年 1 月 18 日，日内瓦)。

国主义国家。中国选择加强和第三世界国家的合作，共同发展的王道。

坚持“王道”，拒绝霸权主义这种思想由毛泽东传承至邓小平，成为中国历代领导人的理念，也是习近平主席提出的“中国梦”“亚洲梦”“亚太梦”“世界梦”的精神内涵。

习近平主席的外交原则，建立在正确的义利观之上（政治上坚持正义、道义，经济上寻求共赢）。中国正在努力与美国构建相互尊重的新型大国关系，致力于两国关系的稳定。

王毅外长在“新起点，新理念，新实践——2013 中国与世界”的研讨会上，作了如下发言：

“习主席用三句话归纳了中美新型大国关系的内涵：一是不冲突不对抗，二是相互尊重，三是合作共赢。不冲突不对抗是必要前提，相互尊重是基本原则。只有如此，中美才能求同存异，进而聚同化异，实现和谐相处。”

同时，中国将周边外交作为外交的优先方向，坚持和平共处五项原则，以中国传统文化中的“和合”为基础，基于“亲、诚、惠、容”的理念，推进与周边国家友好关系的不断发展。

上述原则的具体实践就是“丝绸之路经济带”“21 世纪海上丝绸之路”“中国东盟自由贸易区”“亚投行”“大湄公河次区域经济走廊”“中巴经济走廊”“中亚班列”等项目的推进。

“乐以天下”的中国

孟子不主张实力主义的政治，而是强调“德行正者王，以王道治理乱世”的大道。在《梁惠王》一篇中，孟子在被问及如何处理与邻国的邦交时，提到“惟仁者为能以大事小、惟智者为能以小事大”，强调“乐以天下”。笔者认为，“一带一路”倡议也是基于“乐以天下”的思想。

习近平主席提到“中国从一个积贫积弱的国家发展成为世界第二大经济体，靠的不是对外军事扩张和殖民掠夺，而是人民勤劳、维护和平。中国始终不渝走和平发展道路”。事实上，中国从未进行过殖民侵略，而是被殖民侵略。如果说中国没有进行过对外军事扩张，可能有人会以南海问题和钓鱼岛为例进行反驳。这种反驳的不合理性及其背后的欺骗性，将在第二章里进行详细阐述。

1978 年 10 月，为了互换《中日和平友好条约》批准书而访问日本的邓小平，在日本记者俱乐部发表了以下讲话。

“《中日和平友好条约》中明确地提出反对霸权主义的原则，在当前的国际形势下具有重要的意义。中国永不称霸。不仅现在不会称霸，将来通过四个现代化的建设，成为了强大的社会主义国家，也绝不称霸。这是毛主席生前为我们所定的国策，已经明确写入中国的宪法。”[①]

具有崇高理念的“日内瓦”演讲

2017 年 1 月在联合国日内瓦总部，习近平主席发表了题为“共同构建人类命运共同体”的主旨演讲，从中我们可以了解到中国是“以正确的义利观”为理念向前发展的。

将习近平主席的演讲与之后安倍首相在美国国会上的演讲进行对比，就可以看出彼此格调的高下。正因为拥有这样的理念，中国才得以和平发展。

这是美国的特朗普总统也无法做到的崇高演讲。下面摘选了其中的一部分，分享给大家。

在这里，我给大家一个明确的回答。

第一，中国维护世界和平的决心不会改变。中华文明历来崇尚“以和邦国”“和而不同”“以和为贵”。中国的《孙子兵法》是一部著名兵书，但其第一句话就讲“兵者，国之大事，死生之地，存亡之道，不可不察也”，其要义是慎战、不战。几千年来，和平融入了中华民族的血脉中，刻进了中国人民的基因里。

---

① 1978 年 10 月 26 日《每日新闻》。

数百年前，即使中国强盛到国内生产总值占世界30%的时候，也从未对外侵略扩张。1840年鸦片战争后的100多年里，中国频遭侵略和蹂躏之害，饱受战祸和动乱之苦。孔子说，己所不欲，勿施于人。中国人民深信，只有和平安宁才能繁荣发展。

中国从一个积贫积弱的国家发展成为世界第二大经济体，靠的不是对外军事扩张和殖民掠夺，而是人民勤劳、维护和平。中国将始终不渝走和平发展道路。无论中国发展到哪一步，中国永不称霸、永不扩张、永不谋求势力范围。历史已经并将继续证明这一点。

第二，中国促进共同发展的决心不会改变。中国有句古语叫“落其实思其树，饮其流怀其源”。中国发展得益于国际社会，中国也为全球发展作出了贡献。中国将继续奉行互利共赢的开放战略，将自身发展机遇同世界各国分享，欢迎各国搭乘中国发展的“顺风车”。①

桃李不言，下自成蹊

虽然中国强调自己坚持“和平主义”，但是跟不相信的人讲这一点，他们是不信的。日本右翼也嘲笑“中国的和平主

① 习近平：《共同构建人类命运共同体——在联合国日内瓦总部的演讲》（2017年1月18日，日内瓦）。

义”，大多数日本民众也不相信这一点，这是因为背后舆论的操控使得大家不相信。

李白诗云“有如东风射马耳”“玉不自言如桃李，鱼目笑之下和耻”，仅仅用语言来主张和平主义，只会是一片虚无。

不过，即使中国不用语言来主张和平主义，也有能证实中国在实践和平主义的实例。

譬如，外资企业在中国的投资，中国和海外的交流，习近平主席也提到是靠人民的勤劳和对和平的维护，才有了中国今天的经济发展。

笔者和中国的交流始于 1991 年，当时的情况会在后文中介绍。笔者到中国时，看到街景，实际和中国人接触，亲身感受到真实中国的呼吸，就理解了中国的和平主义。只有亲身感受到这一点，外资企业在中国的投资才会越来越多。1991 年外资对中国的直接投资完成额为 4388 万美元。2015 年增长到 12.6267 亿美元，增长了 27.8 倍。25 年间实际有 162 亿美元的外资投资。1980 年访问中国的外国人仅有 53 万人次，2016 年达到 2815 万人次，是 1980 年的 53 倍。

若不是中国坚持和平主义，这些是不可能做到的。正如《史记·李将军列传》中所写的“桃李不言，下自成蹊”。

觉得中国不好的日本人，大多数是没有亲身来过中国，没有亲身体验过真实中国呼吸的人。而大多数外资企业会进行独立调查，才作出投资的决定。不仅调查市场、工厂场地、成本等，还会调查中国发展到了何种水平，从长远的视角理解中国的和平主义，才会进行投资。

如果实际了解中国的真实情况，就能感受到这一点。对不认同中国走的是和平主义道路的人，可以堂堂正正反驳他们："为何有那么多的外资企业到中国进行投资，那么多外国人到中国呢？"商业是建立在有利可图的基础之上的，这种经济利益得到保障的前提就是"和平"。

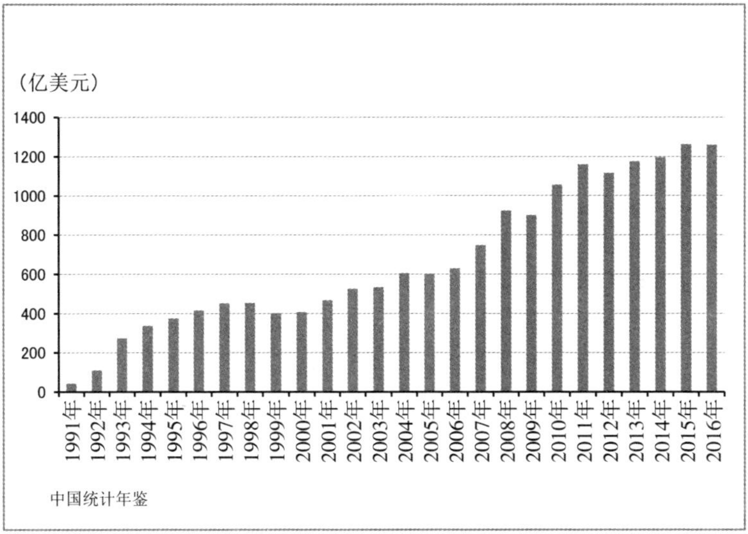

图 2　外商对中国直接投资额的变化

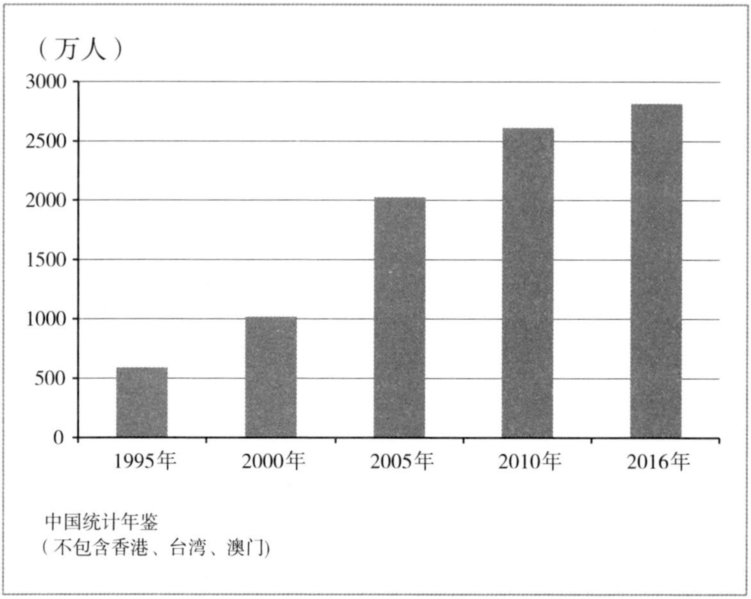

图 3　访问中国的外国人人数的变化

第二节　市场经济和对外开放

不能关起门来搞建设

社会主义现代化的道路始于 1978 年 12 月的中国共产党十一届三中全会，会议上，邓小平提出了“停止阶级斗争”，将全党的工作重点转移到“社会主义现代化建设上来”这一提议。

之后，又提出“国家经济建设三阶段发展的长期目标”“先富论，共同富裕论”，然后进行了“特区建设”和“南方谈话”，促成了中国的改革与开放。

在《中国的和平发展》白皮书中，记载了下述内容。

“中国从自身发展经验中深刻认识到，不能关起门来搞建设。中国把改革开放作为一项基本国策，把对内改革和对外开放结合起来，把坚持独立自主同参与经济全球化结合起来，把继承中华民族优良传统同学习借鉴人类社会一切文明成果结合起来，把国际国内两个市场、两种资源结合起来，以开放的姿态融入世界，不断拓展对外开放的广度和深度，加强同世界各国交流合作，完善内外联动、互利共赢、安全高效的开放型经济体系。中国对外开放的大门绝不会关上，开放水平只会越来越高。”

在中国发展的过程中，“开放的理念”所起的作用非常大。“开放”的理念也是建立在“和平主义”的基础之上的。

开放的理念下进行的市场经济即为“和平主义”。市场经济的基础在于“信誉”。而信誉的建立只有在和平的环境中才有意义。

1980 年，中国民航的国际航线运营路线仅仅只有 14 个国家，18 条航路。1990 年变成了 44 条航路，2016 年则增加到 739 条航路。

开放的经济是建立在中国与世界双赢的和平发展基础上的。

支撑市场经济的货币、金融也只有在和平的条件下才会稳定。市场经济的参与者对“持续维护和平环境”的重视也是很重要的。中国经济的成长建立在人们相信中国的和平主义和开放经济今后也会持续下去的基础上，对未来感到放心才能实现中国经济的持续发展。

“开放”是以中国与世界的和谐、互惠为前提的核心理念。

表 1　2016 年和中国经济相关的国家

地区	进出口贸易对象国家总数	对中国进行直接投资的国家总数	对外经济合作国家总数
亚洲、太平洋地区	72	44	54
非洲	61	27	55
欧洲	50	40	41
南美	49	20	34
北美	5	4	4
总计	237	135	188

海外旅游也是“和平主义”和“开放”的体现

迄今为止，中国在多个领域都进行了“开放”。在经济方面，从工业到商业、服务业都进行了开放，简化投资手续，下调关税，促进市场开放，设立自贸区，增设人民币离岸交易中心，而且也在加紧推行人民币的国际化。

笔者在 1991 年前后，听中国的朋友讲“对日本人而言，中国是随时可以造访的邻国，但是对中国人而言，日本却是遥远的难以企及的国家”。

当时，对普通的中国人而言，去日本旅游可能只是一个梦想罢了。但是如今，中国人的海外旅游甚至已经成为支撑世界经济发展的引擎。

1998 年去海外旅游的中国游客总数达到 843 万人次，2016 年这个数字变为 1.35 亿人次，增长了 15 倍。据推算中国游客海外旅游的消费额达到了 2920 亿美元，远远超过美国和德国，居世界第一。图 4 是以 2004 年为基准（数字 100）显示的中国国内旅游人数和出境游客人数的对比。近年来，出境游的人数超过了国内旅游的人数。

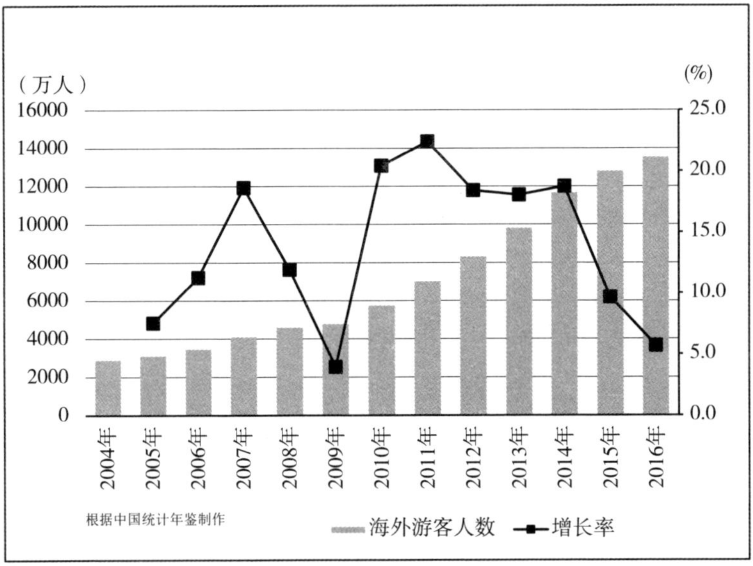

图 4　中国海外游人数和增长率的对比

中国游客的出境游呈现多样化、个性化。“中国公民出国旅行消费市场报告”（北京出版社）的调查显示，在海外旅游的目的方面，希望体验大型游轮出境游排名第一，接下来是家庭游、亲子游。看到带家人一起访问日本的中国游客，对“和平的中国”有所理解的日本人大概也会增多吧。

笔者居住的大阪山野中，甚至连当地居民都不知道的木匠工房，也会有来自中国的游客造访。为了缅怀空海法师，前往高野山的中国人也很多。

在日本的正月里，前往日本古都的某个高山里进行冥思的中国人也多起来了，甚至连宾馆也很难预订上。来自中国的游客人数在增加，从某种意义上讲，也象征着中国的和平主义与开放。

“社会主义市场经济”是伟大的发明

作为中国核心理念的“改革开放”，笔者认为中国一步一步走来绝非易事。正因为超越了种种困难和艰辛，才有了现在的发展。在中国的改革开放真正开始推进的 20 世纪 90 年代，日本有很多知识分子认为，因为意识形态的冲突，中国的改革开放一定会以失败告终。但是，现在看来，那种想法是未能真正理解社会主义现代化中国的无稽之谈。

中国通过推进社会主义市场经济，实现了让世界惊讶的发展，这种模式可谓是一个伟大的发明。没有经过较大的社会震荡，而是通过社会制度的变革实现了经济的大发展。

社会主义市场经济与中国式的民主也是相通的。

1991 年，笔者开始与中国经济发生关联。当时还残留一部分物资配给的票券，大学生毕业工作是分配制，从农村到城市也有很多限制。

笔者曾问过从南开大学教授变身为实业家的世界连锁商业集团的杜厦董事长其中的缘由。杜厦先生是如此回答的：

“1987 年我曾率领经济学家考察团访问香港。香港有经济学界的朋友，他们和我的年龄也差不多。那时，我从 1987 年一直工作到死，所能挣的工资总和仅仅相当于他们一个月的工资。当时我的工资一个月 100 多元，但是他们的薪水却是一个月数万港元。我继续工作 30 年，也不过才能挣得 3 万港元。我付出一生的时间去工作，所得的薪酬仅仅只相当于他们一个月的工资，对这一点，我无论如何无法接受。所以，觉得自己人生的价值只能通过其他的方式去实现。”

即使再努力，在与大家处于同一社会状况下，个人的努力其实没有太大用处。中国从“努力或不努力一个样”的社会，变成了“只要努力就会有回报”的公平社会。带来这种变化的正是“社会主义市场经济”。

没有遭受巨大的社会动荡与混乱就实现了今天的发展，也是因为社会主义主导了市场经济。将发达国家的自由主义经济理论拿来直接套用在人口庞大的中国是行不通的。美国、日本也曾经历过市场经济的失败。

以“自由主义”为幌子的恣意妄为、暗中操作、德行败坏也是有的，在这种情形下，国家会进行经济干预。社会主义市场经济让人口庞大的中国未经动乱实现了经济腾飞，让老百姓过上了富裕的生活，从这个角度讲，社会主义市场经济是一项伟大的发明。

贫富差距和希望

下面想谈谈社会主义市场经济导致的贫富差距问题。

如果单纯地考虑问题，“贫富差距”的出现似乎不太好。但是，笔者不这样认为。有一点想强调的是，笔者并不鼓励贫富差距，而且觉得贫富差距尽可能小一点比较好。

笔者在日本发表了很多关于中国的演讲、著作和论文。如果对中国进行正面的肯定，就会有人以“贫富差距问题”进行反驳。笔者是这样回答的：“除了邓小平先生所提的先富论和市场经济这种方法以外，您还有其他办法能够消除贫富差距，实现 13 亿多人的共同富裕吗？您先讲一下您的方法，然后再批评现今中国的贫富差距吧。”

为了让所有人都很贫穷的中国富裕起来，需要将引领经济发展的马车加大马力，也就是必须让走在前列的人收入增加。如果只是有一点变化，效果甚微。因此，必然会出现贫富差距。但是，走在后列的人看着走在前列的人的背影会产生“我也想如此”的想法。笔者认为，这是中国经济发展的原动力之一。

很多日本人提起中国就会老调重弹地提起“权力斗争”“腐败”“贫富差距”等问题。成熟国家的贫富差距与发展中国家的贫富差距有着本质上的不同。很多人甚至连这一点都未能理解，就开始批评中国的贫富差距。

第三节　科学技术的发展

重视创新的历史传统

将科学技术的进步作为“思想与理念”的一部分，列入经济发展的原因是有理由的。因为科学技术的进步是创新的重要因素，革新也是社会主义现代化的灵魂所在。

重视“革新”和“科技”也是自毛泽东起中国历代领导人代代相传，继承下来的重要精神。毛泽东提到要“通过先进科技实现社会主义强国”，邓小平提出“科学技术才是第一生产力”，江泽民提到“创新是民族进步之魂”，胡锦涛提出“实施自主创新战略，建设创新型国家”。中共十八大上提出“创新驱动发展战略”，在中共十八届五中全会上，习近平总书记再次将“创新”列入国家发展的核心位置，提出“以创新为推动力的发展战略”。

在中国的历史传统中，就有重视创新的文化氛围。“昨日是而今日非矣”已进入中华民族民众的 DNA 里。孔子曰：“无友不如己者，过则勿惮改。”意思是不符合道理的思考和行为会导致过错，不要固执己见，要谦虚地向他人学习，习惯看到别人比自己强，改正自己的错误时无须忌惮，中国人在思想深处是有这样的观念的。

中国实事求是的传统思想也是支撑创新和科技发展的基础。

毛泽东提到“从感性认识而能动地发展到理性认识，又从理性认识而能动地指导革命实践，改造主观世界和客观世界”。松尾文夫在《美国与中国》一书中，引用唐洲雁著的《毛泽东的美学观》一文，如此介绍：毛泽东把从胡适及约翰·杜威学到的以实用主义为代表的当时美国的思潮长期存留在心中，并坚持了一生。而且（毛泽东的故乡）湖南也有将实学运用于治理社会的独特文化、思想传统。直面现实，重视调查的实用主义哲学思想与湖南的文化传统也相符合，两者交融，相互影响，促成了从现实出发，探究事实的“实事求是”的思想发展。

中国的科学技术是在“实事求是”的传统思想支撑下获得进步发展的。

停止阶级斗争，将全党的工作重心转移到“社会主义现代化建设上来”，邓小平的这一想法源于1975年第四届全国人民代表大会政府工作报告中周恩来阐述的四个现代化——“农业、工业、国防、科技的现代化”，是有历史传统的“创新”。

1978 年，邓小平在全国科学大会开幕式的讲话中提到，“现代化的关键在于科学技术的现代化”。中国共产党十一届三中全会后，改革开放开始了。“科学技术是生产力”“实践才是检验真理的唯一标准”，这两条原则打开了科技进步的大门。

邓小平提出的“不管黑猫白猫，能捉老鼠的就是好猫”，将“实事求是”用更通俗易懂的方式进行了表述。这句话将中国“从争论之国变成实践之国”，从而引领了中国经济的发展。

传统的开拓者精神

中国变成世界第一的贸易大国，其萌芽早在丝绸之路时就已显现。丝绸之路的兴起就是开拓未知领域的创新。

《中国的和平发展道路》白皮书中这样讲述明朝时期的航海家“郑和”：

“600 年前，中国明代著名航海家郑和率领当时世界上最强大的船队‘七下西洋’，远涉亚非 30 多个国家和地区，带去的是茶叶、瓷器、丝绸工艺，没有侵占别国一寸土地，带给世界的是和平与文明。”

据《美国与中国》一书，首任美国驻广东领事萨缪尔·肖在其日记中提到“1784 年，英国派出有二十一艘舰船的舰队，法国、荷兰、丹麦分别派出四艘舰船抵达广东开始贸易”。中山大学的保罗·戴克教授这样介绍，“当时（1784 年）在广东的外国人有将近4000人，工厂区、商业街、住宅区都充满了异国情调”。

同一部著作中还提到，18世纪80年代，中国皇后号（美国贸易船）从美国运载了30吨美国产的西洋参、2600张毛皮、1270张毛料织物、棉花、铅、黑胡椒等总共价值12万美元的货物，而中国向美国出口了1400吨茶叶。

笔者将中国成长的要因之一归结为“中国人的前进力”，这也是一种“开拓者的精神”。1854年从耶鲁大学毕业的第一位亚洲留学生也是中国人。《美国与中国》一书中提到，1870年移民美国的中国人达到6.3万人。1880年美国Sacrament农场里86%的劳动者是中国人。有1.2万名广东省江门市出身的中国人参与到美国横穿大陆铁路的施工建设，中国人坚忍、勤恳，不论任何工作都勇于挑战，勤奋好学，这些品质得到了高度评价。

日本结束闭关锁国，开始对外开放是在1868年。而早在此之前的85年，中国就已经频繁地开展对外贸易。中国有走向海外的传统。

推动中国走向国际化的一个重要因素是在江泽民主席和朱镕基总理时期提出的“中国与国际社会接轨”。

1979年，中国第一家境外合资公司——北京友谊商业服务公司在日本成立。这也是渴望走向世界的中国人的梦想。通过“接轨”，越来越多的中国人、中国企业走向海外，中国的对外投资也出现令人惊讶的增长。通过对海外企业的并购与合作，世界各国的技术也被引进到中国。

中国人的挑战之心，勇于开拓新领域的开拓者精神也支撑着中国智能化手机社会的发展和无现金时代的到来，以及 5G 等高速通信技术的发展等。

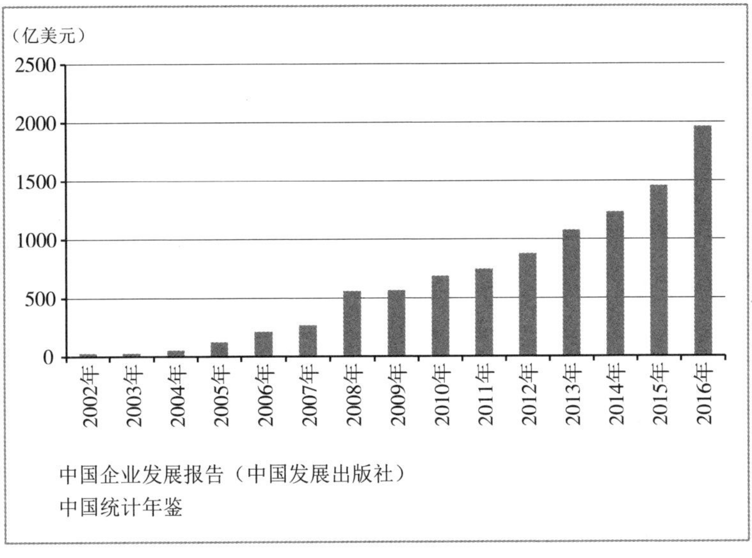

图 5　中国企业对外直接投资额的变化

科学技术的发展

发展科学技术是中国最为殷切的期望。科技急速发展的原因包括开拓者精神、国家理念、政策扶持、对外资的并购、海外投资、产学研结合、教育与研究、留学与创业上的支持等诸多因素，这使中国的科学技术在多个领域大踏步地走进世界领先水平。

与笔者有联系的日本国立研究开发法人科学技术振兴机构的原理事长，现任特别顾问的冲村宪树先生，在 2016 年 6 月该机构举办的中国综合研究交流中心定期研讨会（研讨会的标题是“中国的科学技术是否已经超越日本”）上提到，“我在五六年前就曾断言中国的科学技术水平已经超越日本”。

中国综合研究交流中心启动的“樱花科技计划”是日本政府出资邀请亚洲青少年赴日研修的项目。每年有超过 5000 名年轻人受邀从亚洲各国前往日本学习。其中很多是来自中国的大学生、研究生。冲村先生 2016 年荣获中国国际科学技术合作奖，受到习近平主席、李克强总理的表彰。

冲村先生对中国科学技术的快速进步从教育层面上进行了分析，其原因包括以下几个方面。

大学生人数的急剧增加和研究生比例的提高；

研究开发导向型的大学非常多；

通过 1993 年的“211 工程”、1998 年的“985 工程”，对创建世界一流大学的投资使前沿的研究设备配置齐全，教育和研究设施也更加完善；

中国的人才政策非常积极，留学生数量激增；

研究型人才会讲英语，可以构建国际化的关系网；

获得美国博士学位的外国人中，中国人占了29%，印度人占15%，韩国人占10%，日本人仅占2%；

中国的大学和欧美国家的交流非常频繁，各地都设有“国际共同教育机构”，构建起世界范围内的国际关系网；

中国的大学以对社会作出贡献为目的，在专利持有、向产业进行技术转移、大学科研园等产学研方面非常活跃；

在大学科技园的建设方面，世界超一流的大企业也参与其中，与大学老师、学生们一起进行研究。北京大学旗下的校办企业“方正集团”，通过校办企业对社会和产业界作出贡献，校办企业的收益也能帮助大学的经营。

以上是冲村先生从教育角度分析的中国科技发展长足进步的原因。

冲村先生提到“中国的大学与日本不同，形成了庞大的大学群，而这些都是具备国际化视野的水平较高的年轻大学，它们也是引领社会发展的活跃主体”。

举国致力科技振兴

1983年7月8日，邓小平发表“利用外国智力和扩大对外开放”的重要讲话，国外智力开始进入中国。2010年，中国和世界上 152 个国家开展了科技交流，与 100 个以上的国家签订了科技合作协议。当今世界主要的 6000 个国际科技合作协议中，中国参与了其中将近 1/6。据中国科学技术协会统计，1997 年中国人在科技方面的海外考察和访问超过了 3 万人次。国家自然科学基金会 2002 年出资 1000 万元，派遣约 1000 名科学家参加国际会议。

中国共产党和国务院指导的“科技大会”“技术创新大会”，制定了“发展自主创新，建设创新国家”的战略，确立了方向，推进了相关政策的实施。《中华人民共和国科技进步法》第五十九条中规定：“国家财政用于科学技术经费的增长幅度，应当高于国家财政经常性收入的增长幅度。”

政府的扶持也对科学技术的发展作出了贡献。旨在推动高科技发展的“火炬计划”、通过科学技术促进农村发展的“星火计划”、促进研究机构高科技新产品开发的“国家重点新产品计划”、支持中小企业技术创新的“科学技术型中小企业创新基金”、基础研究领域的“国家自然基金”、科技部的“973 计划”、“国家重大科学研究计划”、投资国家重点实验室建设计划的“科学技术基础完善”等，这些项目的推进大力支持了中国科学技术的发展。

结果，中国各地都建起国家高新科技产业开发区、大学研究园区、国家生态产业基地、国家创新园区、高科技园区等。

政府和研究机构通过“政产学研”的体制指导科学技术的发展，大大促进了中国科学技术的进步与发展。

中国 2006 年开始的《国家中长期科学和技术发展规划纲要（2006—2020 年）》制订了截至 2020 年的发展计划。举全国之力投入创新的中国，通过科研、会议、留学等途径，构建起了世界范围的研究网络，这些都支撑了中国经济的发展。

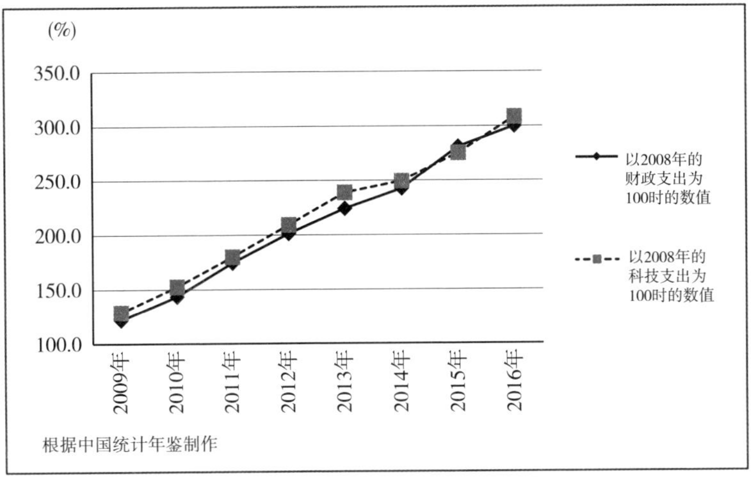

图 6　财政支出额和科学技术支出额的指数
（以 2008 年为 100 的指数）

在第四章中，笔者将会讲到，日本的财政由于处于偿还借债利息的窘迫状况中，在科技振兴方面未能投入充足预算。大学研究经费也在持续削减。但是，正如图 6 中所显示的一样，中国每年财政预算的一定比例都投入了科技的振兴中。

其结果就是，在宇宙航天、海洋勘测、原子能、超级计算机、新一代通信技术等方面，中国走在世界前列的技术领域越来越多。

1970 年成功发射人造卫星

中国共产党和政府在科技振兴方面的投入，还有“实事求是”的精神带来了科技的大发展。

日本人必须了解这个事实：中国通过和世界各国的交流在逐步成长。20 世纪 90 年代，很多日本人对“中国制造”嗤之以鼻。笔者提出，这些人应当认识到“中国是能将火箭送入宇宙的国家”。

1970 年继苏联、美国、法国、日本之后，中国成功发射了人造卫星。2003 年使用“长征二号”火箭，成功实现了“神舟五号”的载人飞行。2012 年搭乘包括女宇航员在内 3 名宇航员的“神舟九号”成功与空间实验室“天宫一号”实现对接。2013 年“嫦娥三号”实现了月球表面软着陆，这是继俄罗斯、美国之后，第三个成功实现这种技术的国家。

如今，中国的宇航开发已经朝着通过建立宇宙空间站实现在宇宙空间长期停留，载人登月、月球探测计划的方向发展。同时，在通信卫星研发、资源勘测及海洋观测、气象预测等地球勘测卫星技术方面，中国的实力也在不断增强。

2015 年 10 月，日本海洋研究开发机构海洋工学中心主任矶崎芳男在科学技术振兴机构发表题为“中国的海洋开发技术动向”的演讲，提到当今世界上 4000 米深水水域的载人潜艇共有 7 艘。分别是俄罗斯的 MIR、MIR2、CONSUL，美国的 ALVIN，日本的深海 6500，法国的 NAUTILE，以及中国的蛟龙号。蛟龙号可以潜水至海底 7000 米。矶崎提到在深度超过 6000 米时，会出现很多技术壁垒，比如耐压容器、电缆接触接口等，这些问题使制造潜艇变得非常困难，尤其是耐压舱的钛合金技术和浮力材料的耐压技术非常关键。

此外，据说中国正在开发可潜水至 1 万米深处的“彩虹鱼号”。

早在 1970 年就成功发射了人造卫星的中国，迈入科技大国的行列也是情理之中的。

进步始于对其他国家的技术研究

在日本对中国制造的产品嗤之以鼻，满足于一种优越感时，中国的科技在很多领域已经超越日本。

2004 年，中国和川崎重工、法国的阿尔斯通开始了引进高铁技术的合作协议。2005 年又和西门子签订了技术合同。

此后的 14 年，从石家庄至济南的铁路线开通使中国的四横四纵的线路施工大体结束，八纵八横的高铁网建设开始推进。2008 年高铁的实际运营里程为 672 千米，旅客人数为 734 万人。而到 2016 年中国高铁运营里程增至 22980 千米，旅客人数达到 12.2 亿人次。

乌鲁木齐、哈尔滨、成都、西安、贵阳、昆明等中国的主要内陆城市通过高铁都联结起来了。2008 年京津高铁达到时速 394 千米。日本从时速 200 千米到 300 千米用了 30 年，法国和德国用了 10 年，中国仅仅用了 3 年。如今，仍有很多日本人认为中国的高铁是对日本新干线的模仿。

世界前沿技术首先源于向他国学习，从零开始研发纯粹独家技术在世界范围内也几乎不存在吧。

在上述提到的演讲中，矶崎还讲到：

中国致力于 ROV（遥控无人潜水器）的研发，从英国、加拿大购买了名为“发现”的 4500 米级的 ROV 和名为“海狮号”的 4000 米级无人潜水器。日本也曾经从加拿大购买了“HYPER DOLPHINE”ROV，根据自身的需求，将其改造得更好用，并努力研发出 10 千米级别的 ROV。中国也在进行同样的事情，致力于研发 4.5 千米级的国产“海马号”。

中国高铁技术的进步与此相同。第四章里提到了“日本的没落”，笔者认为将中国的技术简单地认为是模仿，躲在闭塞的世界里，感受不到全球变化的日本人是如此之多，这才是日本没落的原因。

2008 年 11 月，中国成功进行了中型国产喷气式飞机 ARJ21-700 的首飞。中国商飞公司研发的座级达 160 席、大型喷气式民用飞机 C919 也于 2017 年 5 月进行成功首飞。现在，航空客机产业进入了 ABC（空客、波音、中国）时代。中国迟早会成为中型客机的出口国。

第四节 政治的稳定

“快速民主化建议”的戏言

在日本，批评中国是独裁国家的人非常多。但是，笔者认为这种看法是错误的。

在批评这种观点之前，先要对中国的人口、历史及政党有一种正确的认识。

中国是一个拥有13亿多人口的多民族国家，为了脱贫，转型为市场经济体制。其首要的前提就是体制的稳定。

比起民主化，中国人最殷切的希望是先脱离贫困。因此，首先要进行的是经济建设。但是，在拥有庞大人口的国家进行经济建设是非常困难的。走错一步，就会使国家陷入混乱的风险之中。

因为贫困和政治斗争进入内战的国家非常多。在人口庞大的中国，一旦发生内乱，这对中国的影响是不可估量的。

中国作为一个拥有庞大国土面积、人口众多、多民族，又与多国接壤，曾遭受侵略、被殖民过的国家，在考虑上述诸多问题时，民主化不是其他国家轻轻松松就可以从一般论的角度谈论的。这个民主化的过程也必然是“中国式”的。西方国家的“民主化”是无法完全适应中国国情的。

必须考虑到中国政治时常面临着庞大的人口压力。

没有这样经历的国家不应该简单地去要求中国进行民主化。如果中国按照美国或日本人思考的民主方法推进改革，可能就没有今天的经济发展。整个国家也不会团结一致，更不会有改革开放的进展。

世界上很多批评中国的言论是不负责任的。假设按照民主的方式推进改革，导致中国内乱，至今依然很贫穷，那些民主化的言论是不会承担责任的。言论是自由的，但同时也是不用承担责任的。在日本，从几十年前就有人鼓吹“中国崩溃”。但是，这些言论既是错的，也不用承担任何责任，也没有人认识到自己的错误，进行忏悔。

如果有人说“比起吃饱（经济发展），民主化更重要”，那么只能说这是富裕阶层的玩笑话。

中国并非独裁国家

中国是一党执政的国家，但并非独裁国家。中国与独裁国家有本质的区别。中国政治存在很多健全的方面。政治是通过集体领导进行的，否定个人崇拜。《中国共产党章程》第二章第十条（六）中明确提出“党禁止任何形式的个人崇拜”。中国也不是军队干政的国家，军队是党主席责任制。

而且，中国共产党内部的想法实现了一定的平衡。

党认为“坚持改革开放是使国家强大的必由之路”，并将改革开放制定为中国的核心战略。

在党章的总纲中提到“反对一切‘左’的和右的错误倾向，要警惕右，但主要是防止‘左’”。中国共产党旨在以一种平衡的思维方式建设开放的国家，这一战略是很明确的。

中国赴海外的游客数量每年超过 1 亿人次。纵览世界历史就能发现，独裁国家是无法做到这一点的。

通过一党执政实现中国的稳定

率领 13 亿多人口前行，需要强有力的领导力和统率力。

改革开放初期，通过“先富论”让大家都去追求富裕，民众能以此为目标团结在一起共同奋斗。如今，中国逐渐走上共同富裕之路，社会也变得复杂多元化，在经济发展的同时也要直面成长背后的阴影、腐败、国际关系的紧张和摩擦。

这样的时代需要的是“稳定”与“团结”。社会上存在各种各样的意见。尊重这些意见也是很重要的，但是太过的话，就会招致社会混乱，无法实现共同富裕。

习近平主席进行的反腐运动，笔者认为也是对中国社会风气的改革。

腐败并非只是高官腐败的问题，小官腐败的情况在中国社会随处可见。

腐败问题也与民众相关，贿赂是受贿者和行贿者双方的问题。因此，反腐应该是官民的改革，社会风气的改变。

想要推进反腐，既需要权威，也需要实力，这并非轻而易举就能做到的。

在后文中将提到的“中国制造 2025 计划”，努力营造重视制造业的大环境是非常重要的。

在中国有“一抓就停，一放就乱”的说法。中国正是这样一个很难统筹的国家，统筹也需要实力。这样的实力背后必须有理想和信念的支撑。

中国很多领导人和党员还是很廉洁的。共产党也按照“和谐”的理念在进步。后文中，笔者将提到，如今日本的执政党、政治家里没有人拥有治理 13 亿多庞大人口的能力。

中国式的民主化

笔者并非否定多党政治。但是，选择何种政治制度必须考虑一个国家的历史、人口和社会状况。必须从中国的特殊情况出发考虑问题。

其实，已经民主化了的日本也存在政治问题。政治成为私有物，很多政治家的幼稚程度让人惊愕。美国的政治有时也很愚蠢。

中国有中国的特殊性。最重要的是，中国迄今为止的发展证实了这种有特殊性的政治制度是正确的，而且这一点得到了大多数中国民众的支持。

国际社会应当理解中国式民主的进程。

与笔者当初到中国时相比，现今已经可以从各个领域看到中国的民主化。中国在民众迁徙、就业、私营企业、上学、私立学校、报纸书刊的发行、海外旅游、外国人来访和定居、土地使用权和住宅所有权、户籍制度、农业税、农民的迁徙和土地使用权的转让、海外投资和汇款、外资在中国的投资和开放、人才录用等各个方面都进行了开放。这些也是民主化的体现，并非全面开放政治就是民主化。如果因为政治的全面开放而导致内乱，那上述的一切都无法实现。

从一个一个小的方面开始民主化的积累、学习是非常重要的。这也是拥有 13 亿多人口的大国能作出的安全选择。国际社会如果能理解到这一点，就能对中国经济发展的事实进行客观评价，就能够理解中国式的民主。

坚实的政治手腕

中国政治拥有日本所没有的长处。

中国的政治以十年为一个周期，每隔五年对其成果进行确认。

在全国人民代表大会和党代会上，首先会进行成果的汇报。地方政府也会进行详细的政府工作报告，这些报告会刊登在报纸上。民众从中可以了解到 GDP 的增长率、工业生产、固定资产投资、消费、物价、贸易、财政收支、居民所得，甚至公共交通的完善和保障性住房的建设、垃圾处理、绿地及公园环境的改善、绿地面积、学校设施的完善、市中心及公众洗手间的增设、医疗保障的推进、反腐的应对、政府各部委的工资待遇以及推进相关事业的费用支出等各个方面的情况。

在经济方面，甚至各地区的社会融资、银行存款、研究开发费用、外资投资、住宅建设、网络消费、文化消费等详细数据也会公布。

日本在国会审议时这些内容也会被报告，但政府不会积极地向国民进行详细的汇报，更谈不上在报纸上刊登政府报告的详情了。

因此在日本，所谓的“选举公约”常常只是当场的空头支票，未能付诸实践也并不罕见。

一般企业如果能扎实稳步地提高业绩，就会成为高收益的企业。这些企业每年在制订新的计划时，一定会确认上一年度的情况，首先进行反省和总结。

每月的例会上，会确认上一期会议确定事项的执行情况。

用企业来比喻中国的政治，中国政治已获得高收益的得分。日本政治 30 年前的议题现今仍在国会上争吵不休，也许是缺乏稳步扎实地积累业绩的政治氛围与土壤吧。

此外，中国以 10 年为期的政治制度其实是绝妙的制度。这个时间，既不会太短也不会太长，能够使领导人踏踏实实地落实政策，培养好接班人。同时也让领导者可以沉下心来，制定战略，在确认各项成果的同时推动政治向前发展。

另外，中国的政治家大多有长期的地方执政经验，对当地情况的了解有助于开展实际工作。中央和地方的职能分工也非常明确。地方也有权限，可以更及时有效地开展实践。在中国，创新是一个核心思想，领导者的观念是非常积极的。

“实践之国”和“口头之国”哪一个会成长更快，一目了然。

第五节　领导人的理念

邓小平是一个有信念的人

笔者在2009年出版了《中国拯救日本》这本书。在书的开头部分提到，“在世界范围经济持续不景气的状况下，有13亿多人口生活的中国，从连床板、马桶都没有的贫困生活中走出来，迈向了富裕生活。中国这个庞大的市场，难道不是上帝赐给日本的礼物吗？但有关中国的信息在日本却被歪曲，很多人甚至对中国经济能否持续增长都持否定态度。如果能从中国经济的持续发展中看到希望，想到日本的邻国中有一个拥有13亿多人口、正在成长和发展的中国，若日本对此感到庆幸，这也许会成为日本经济摆脱萧条的一个契机吧。想到这里，我决心提笔写下这本书”。

中国的经济发展给世界的稳定、幸福带来了巨大的影响。随着中国经济的发展，很多国家也从中收获巨大的经济利益。

2013—2016年，中国的GDP平均增长率是7.2%，据IMF

和世界银行的推算，在这段时间里中国对世界经济的贡献率为31.6%，超过了美国、欧洲和日本之和。2017 年，中国对世界的经济贡献率达到 34% 左右。

曾经连马桶、床板都没有的中国，拥有 13 亿多人口，未经历较大的内乱，保持了相对稳定的环境，实现了让人惊讶的增长，这可以说是一个奇迹。

引领中国创造这样的奇迹的一个重要原因，就是中国有一位世所罕见的政治家——邓小平，他具备卓越的才能和坚强的信念以及作为政治家的领导力，并能制定强有力的战略。随波逐流、顺势而为，也许在当下会让人放心，但是大胆的战略往往是在对当下安逸生活的否定中产生的。

邓小平指出“富裕后就会产生修正主义、资本主义这一想法是错误的”，大胆地改变了阶级斗争的路线，推进了经济建设，引领中国获得了让世界瞩目的经济发展成就。

从计划经济的国家，转变成引进市场经济体制，实行改革开放，制定这一伟大的战略既会有担心引发内乱的不安，也会招致保守派的反对。要克服重重障碍去实施这一战略，需要坚韧不拔的意志力和领导力。而这种坚韧不拔的意志力源于邓小平对国家、对人民的忠诚。只有具备坚定不移的信念，才能做得到这一点。

后富者的忍耐

邓小平提出，为了让人民过上富裕生活需要分两步走。第一步是让部分人先富起来，第二步是先富的人带领后面的人实现共同富裕，即“共同富裕论”。

“先富论”背后的含义是“后富者的忍耐”。所有人同时富裕的社会是不存在的，无论经济理论多么先进，这都是不可能做到的。夸大社会贫富差距的问题，是因为没有理解到这一点。在资本主义的日本，贫富差距也是越来越大。同时富裕是资本主义和社会主义都不可能做到的。

因此，后富者只能忍耐。在过去的中国，大家都平等，没有太大的贫富差距，提出让后富者忍耐，这本身需要很强的意志力。

在中国的财政支出中，“经济建设”和“社会文教支出”的比例，1981 年是 1∶0.34，1990 年是 1∶0.54，1995 年是 1∶0.62，2000 年是 1∶0.76，2006 年达到相同比例。削减社会文教支出、福利预算，推进经济建设，需要领导人的决心、勇气和信念。

在 20 世纪 80 年代，长江上架起的大桥仅仅有 5 座。随着经济建设的发展，支撑经济发展的桥梁、铁路、公路纷纷建起来了。2016 年中国国内旅游的总人数达到 44.4 亿人次，预计 2040 年将达到 140 亿人次。通过经济建设，消费不断扩大，消费的扩大又推动了后续经济的发展。构建起这个基础的就是，让一部分人先富起来，另一部分人暂且忍耐，集中力量搞好经济建设这一决策。作出这一决策的邓小平具有坚韧不拔的意志力。

对邓小平产生的共鸣

1978 年访问日本的邓小平在日本记者俱乐部发表了以下演讲：

"目前中国无论在经济方面还是科技方面，都属于比较落后的国家。我国的工农业水平还非常低，我们的任务还相当艰巨。但是，我们坚信中国人民经过几年的艰苦奋斗会实现经济发展的目标，我们有这样的信心和决心。我们在坚持自力更生方针的同时，还要学习外国所有的先进经验，我们要向伟大的日本人民学习。"①

在被记者问到作为四个现代化总指挥的想法时，邓小平这样回答：

"要实现中国现代化，就要有正确的政策，就要善于学习，要以国际先进发达国家的管理方法作为我们发展的起点。首先承认我们落后，长得很丑，却要打扮得像美人一样，那是臭美，

---

① 1978 年 10 月 26 日《每日新闻》。

老老实实承认落后就有希望。再就是要善于学习，这次我们来日本，就是要虚心地向日本请教，向一切发达国家请教，向第三世界穷朋友中的好经验请教，相信本着这种态度我们是有希望的。”

邓小平在福田首相举办的欢迎晚会致辞中这样讲道：

“我谨代表中国政府、中国人民，并以我个人的名义，向首相阁下、贵国政府以及贵国人民致以真诚的问候和衷心的祝福。”“以我个人的名义”是从自己的角度来讲话，这样的领导人是比较少见的。

邓小平亲切而谦虚的态度让大家感受到变化的中国，这给世界留下了很深的印象。

政治访问日程结束后，邓小平访问了位于日本大阪府茨木市的松下电器的电视机工厂。当时下着小雨，83 岁高龄的松下幸之助先生连雨伞都没有打，冒着细雨在工厂大门外迎接了邓小平的到来。邓小平走上工厂的楼梯台阶时，向走在后面的松下幸之助伸出手来，直到走上楼梯后，两人的手还紧紧地握在一起。之后，邓小平对松下幸之助说：

“松下老先生，您能否为中国的现代化建设帮点忙？”

松下幸之助答应：“无论什么，我们都将全力相助。”

邓小平在工厂的纪念册上留言：“中日友好，前程似锦。”

1979 年 12 月 6 日，邓小平与日本的大平正芳首相会谈时讲道:“维持中日友好关系符合两国的利益。双方立场不同,看问题的角度也不同,但是不影响大局。中日友好的大局比什么都重要。”①

1984 年 3 月 25 日在与中曾根康弘首相会谈时,邓小平这样谈道:

“希望大家以更广阔、更长远的目光来看中国。希望大家明白,中国的发展对日本的将来一定是有利的。中国拥有很多宝贝,但是我们却苦于资金不足。中国经济一旦发展,将来在能源领域,稀有金属方面一定能帮助日本。日本的投资最终对日本也是好事情。”②

1978 年,当时中国的人口是 9.6 亿人。在那个时候,邓小平心中一定深切关注着拥有庞大人口的中国的现代化道路该如何走吧。

邓小平亲切、谦虚的态度让世界人民产生了共鸣,这也促使了外资企业来中国投资吧。

成果的共享

很多日本学者、知识分子认为计划经济的中国想要转变成市场经济,免不了会发生内乱和矛盾。

---

① 1979 年 12 月 6 日《朝日新闻》。

② 1984 年 3 月 26 日《朝日新闻》。

但是，这仅仅是从纸面上对社会主义的理解。

笔者认为，正因为中国是社会主义国家，所以才显得市场经济更有意义。

在中共十八届五中全会上，习近平强调“我们必须坚持发展为了人民，发展依靠人民，发展的成果由人民共享”。

习近平总书记提到，“中国梦归根到底是人民的梦，必须紧紧依靠人民来实现，必须不断为人民造福”，“让广大人民群众共享改革发展成果是社会主义本质要求，也是社会主义制度优越性的集中体现”。

社会主义市场经济与意识形态并不冲突，正因为是社会主义，才可以更好地调控市场经济的矛盾，构建更为丰富的社会。

朝着这一梦想前进，取得的成果就是中国经济的飞跃发展。

原本闭关锁国的经济体，通过开放，资本、技术、信息一下子都进来了。

中国将动荡的风险转化成了前进的机会。

“借助外部力量改变自身”“和而不同”“以柔克刚”，以灵活的思维推进开放，构建丰富多彩的社会，凭借的就是领导人的手腕和民众的努力。在社会主义制度下，依靠国家的宏观调控推进经济开放，获得一个个的成功后，再将开放扩大至全国。中国通过精彩的宏观调控实现了市场经济的发展。

独立自主的发展道路

在中国共产党十二大上，邓小平讲了下面的话：

“我们的现代化建设，必须从中国的实际出发，把马克思主义的普遍真理与我国的具体实际相结合，走自己的道路，建设有中国特色的社会主义，这是我们总结长期历史经验得出的基本结论。”

邓小平认为，向外国学习作为参考是必要的，但并非全盘照搬，而是要通过中国的独创，建设有中国特色的社会主义。

20 世纪 90 年代，对改革开放持怀疑态度的日本右翼知识分子这样说道：

“共产党一党独裁体制的国家，其政策路线必须以马克思主义的理论为根基。如果不能系统、条理清楚地讲明白其政策，经济的运营是不可能的。无法以明了的方式讲清楚社会主义市场经济的理论，中国经济的运营将会非常困难。”[①]

上述言论是仅凭脑袋空想经济，没有考虑现实的人的观点。当然，也有在看到中国让世界瞩目的发展后，反省自身的日本知识分子。

邓小平的讲话中包含“普遍真理”、“我国的具体实际”、

---

① 长谷川庆太郎、渡边利夫著：《虚幻的超级大国——中国》，德间书店。

“走自己的道路”和“特色”这四个重要方面。

笔者认为，“社会主义市场经济”是伟大的发明。让13亿多人口脱离贫困，本身就比任何经济理论都要高明得多。

社会主义具有普遍性，市场经济则是根据实际国情走独立自主的道路。其精髓在于普遍真理中的独立自主道路的实践，也在于特殊性、特色。其中也有中国的独创，也就是实事求是。真知源于实践。

中国发展的历史是注重“普遍性”，并结合自身的“特殊性”来前行的历史。

“普遍性”通过实践得以提高，特殊性因为有普遍性的存在而更稳定、更放心。

“社会主义市场经济”发展的历史，是尊重“现代社会”的“普遍性”，对此进行重新价值创造的历史。很多日本学者认为“社会主义”与“市场经济”是对立的。然而，对立的两面如果运用得当，也会形成互补而变得更强大，就像房子需要有横梁和柱子才更牢固一样。“人”这个汉字也是如此，由左右两边共同支撑而成。

中国顺利实现了“社会主义”和“市场经济”的结合，正在走向“共同富裕”和“社会主义现代化”。

其背后蕴含着中华民族悠久历史中孕育的思想——“和合思想”的精髓。

“走自己的道路”在市场经济的推进过程中随处可见。特区、优惠政策、引进外资、土地使用权、私营企业、国企股份制改革、汇率管理制度、金融政策、“一带一路”、亚投行（AIIB）都是独立自主的道路。后面将要提及的“亚洲的矜持与骄傲”也是从“走自己的道路”发展而来的。

中国经济发展的秘诀是“走自己的道路”的“独创”，在此基础上进行“改革、开放”，然后走“中国特色的道路”。

从历史中学习，并进行讲述

中国的很多领导人都擅长从历史中学习，并讲给老百姓听。

光辉灿烂的历史对领导人和普通民众而言都是值得骄傲的。从历史经验中学习，并讲给普通民众听，会让大家产生“共鸣”。领导人的话语会深入民众内心，从信念转变成实践。

习近平总书记在中国共产党第十九次全国代表大会上，宣示了一个新时代的到来，他说：

“这个新时代，是承前启后、继往开来、在新的历史条件下继续夺取中国特色社会主义伟大胜利的时代。”

习近平主席是非常注重历史的领导人。他在 2017 年 1 月联合国日内瓦总部的主旨演讲中提到如下内容：

“我刚刚出席了世界经济论坛年会。在达沃斯，各方在发言中普遍谈到，当今世界充满不确定性，人们对未来既寄予期待又感到困惑。世界怎么了？我们怎么办？这是整个世界都在思考的问题，也是我一直在思考的问题。

“我认为，回答这个问题，首先要弄清楚一个最基本的问题，就是我们从哪里来、现在在哪里、将到哪里去？”

对上述问题的解答，习近平主席又讲道：

“我们要从历史中汲取智慧。历史学家早就断言，经济快速发展使社会变革成为必需，经济发展易获支持，而社会变革常遭抵制。我们不能因此踯躅不前，而要砥砺前行。”

带领庞大人口大国的领导人，其“信念”是非常重要的，要用自己的语言向民众讲述自己的信念。能从历史中学习，并能将从历史中学到的东西传递给民众的人，在中国这是一名领导者的基本素质。

习近平主席推动的反腐运动，如果没有“到底什么对中国而言才是最重要的”这样执着的信念，是无法推行下去的。因为这意味着社会的变革。为了实现这个变革，我们必须去思考“我们从哪里来、现在在哪里、将到哪里去”。

亚洲的矜持与骄傲

中国的政治家有一种日本政治家所缺乏的“亚洲的矜持与骄傲”。“亚洲的矜持与骄傲”是指“作为亚洲人的骄傲和觉悟”。如果有这样的信念，政治就会独立自主。而做到独立自主，才能制定明确的战略。

将依附美国的日本政治与中国的政治进行比较，就能理解这一点。

2013 年 5 月 21 日在亚洲相互协作与信任措施会议上，习近平主席提出“中国的和平发展始于亚洲，依托亚洲，造福亚洲”，中国将同亚洲各国一道，“更加深入参与区域合作进程，推动亚洲发展和安全相互促进、相得益彰”。

中国政治的策略是重视亚洲，“与邻为善，以邻为伴”。

习近平主席 2014 年 3 月在德国科尔伯基金会就“中国和平发展道路和独立自主的和平外交政策”发表演讲，在回答有关中国周边外交政策时，习近平指出“远亲不如近邻。从国与国的关系讲，朋友可以选择，但邻居是无法选择的，要世代相处下去。无论是从理智上还是从感情上，我们都认为与邻为善、以邻为伴是唯一正确的选择，中国对周边国家坚持亲、诚、惠、容的理念”。[①]

中国重视独立自主的发展道路，这是因为重视中国的特殊性。独立自主的发展道路也是作为亚洲国家的发展道路。如果不能做到这一点，就会沦为“没有主心骨”的国家。

---

① 摘选自人民网。

中国的发展道路重视普遍性的原理，然后在此基础上选择适合自己的发展道路。没有自主性，就会被普遍性所左右，对普遍性进行迎合。美国等西方国家的价值观未必具有普世性，中国对独立自主道路的重视使“亚洲的骄傲”得以产生。

但是，日本的外交是重视美国的。政治家们也对和美国搞好关系非常积极，积极构建与中国、韩国，以及亚洲其他国家关系的政治家并不多见。日本政治常常仅凭片面的有关美国的信息就进行政治判断，所以会变得莫名其妙。日本的政治是对美从属的政治。不仅在亚洲政策上比较消极，安倍首相也常常批评中国，甚至采取敌对的方式看待中国。笔者在后文中也将提及安倍首相在美国国会的演讲，以及他在“亚洲的未来”国际交流会上多次提及中国的敌对言论。而这也是笔者在第四章中将提到的日本没落的原因所在。日本未能像中国一样走独立发展的道路，因此也缺乏国家发展的战略，常常只能根据当下的情形来行动。

“一带一路”、亚投行（AIIB）也是诞生于亚洲的矜持与骄傲。这种骄傲与矜持使中国能产生大胆的战略，来支持中国的发展。

第六节　战略的强大与勇气

战略变强大的原因

考虑中国发展要因时，笔者脑海中浮现的是“战略的强大和构想的大胆”。中国作为一个计划经济国家，通过引进市场经济手段，推进改革开放，这本身就是了不起的战略。

人们往往在熟悉的环境中生活久了，就会产生保守心理，缺乏变革的勇气。

但是，如果不能脱去旧的躯壳，新生事物就无法萌芽。这是一种破茧重生。中国成功地做到了这一点，所以实现了大发展。

在探寻中国经济成长轨迹时，我们可以发现战略的巧妙随处可见。改革开放时设立的“深圳特区”、邓小平的“南方谈话”、“浦东大开发”都是非常巧妙的战略。“大胆引进外资的优惠政策”“土地使用权制度”也是巧妙的战略。

高速公路和高铁等基础设施建设也是在支持经济发展的长

期战略下开始推进的。高铁和“一带一路”有机关联，成为“经济发展走廊”。对移动网络社会的应对也是一种战略。中国以远超日本的速度在城市里实现了“无现金支付社会”。

中国“靠投资拉动增长”的方式经常受到批评，但是笔者认为这种批评是不对的。对这个战略的批评是因为未能用发展的眼光观察中国。“投资是对未来的消费”，通过大胆的投资战略，营造出巨大的市场空间。

战略源于预判和决断。战略强大意味着判断力、决断力的强大。中国政治家在判断力和决断力方面比较强大有以下四个要素：一是地理因素；二是从零起步；三是巨大的人口压力；四是务实的政治。

地理因素

地理因素可能是因为中国的陆地边境与多国接壤，因此国防、外交能力会比较强。处理与邻国的关系，与周边国家的关系常常是中国政治的重要议题。与东南亚各国、印度、巴基斯坦、中东和伊斯兰各国、中亚各国、俄罗斯，甚至朝鲜，以及没有陆地接壤的韩国、日本的关系等，在中国的政治中往往占据重要的位置。中国历史上也曾通过丝绸之路从外界获取人才、物资和其他信息。通过处理与接壤国家的关系，中国成为在战略制定上比较擅长的国家。这种战略和智慧延续到“一带一路”上。

与此相比，日本是四面环海的岛国，没有陆地接壤的邻国，所以也缺乏提升外交能力的条件。早上看着太阳从大海上升起，晚上看着海上日落，自然会觉得一帆风顺是理所当然的。政治家和普通民众都容易缺乏奋进的动力，会产生随遇而安的想法。而且，日本是“二战”的战败国，至今仍有驻日美军。在政治上，日本追随美国，容易忽视日本海、黄海沿岸这一侧，仅重视太平洋的另一侧。从地理因素和历史因素来看，日本都难以产生伟大的战略。

从零起步

“从零起步”意味着“已经没有可以失去的东西了”。

笔者在出席《朝日新闻》2002 年举办的研讨会时，曾有幸见到了东软集团的刘积仁总裁，他提到中国人在推进改革开放时考虑的是“反正我们已经没有可以失去的东西了”。笔者对这句话印象非常深刻。

刘总裁还提到，改革开放前的中国企业既没有销售人员，也没有市场，而是根据政府的指令安排生产。在那个年代，企业连 R&D 这一想法都不曾有过。零是一个通往无限，存在无限可能性的数字。

中国的改革开放纯粹是从让国民变得富裕这一理念出发

的。为了变得富裕，就需要坦率地学习、吸收。邓小平说过：“无论是革命还是建设，都要注意学习和借鉴外国经验。”坦率地向国外学习，并注重独创性的开放理念已经渗透到中国的每个角落。在政府和民间层面都形成了勇于挑战的氛围。半途而废的想法是无法孕育出伟大战略的。

只有否定“保守的心态”，才能孕育出勇敢挑战的精神。从零起步的想法成为勇于挑战的前提。

另一方面，日本通过经济高速发展，经历“1 亿人口全是中产阶级”的时期，已经成为“可失去的东西非常多”的社会。所以，很多日本人不喜欢变化，思想比较保守。

“保守的心态”和“规避风险的应对方式”，拒绝“挑战”，会使新鲜空气的流动减缓。通过与外界的接触，才能看清楚自己所处的位置。中国改革开放的 40 年，是经常吸收外部新鲜空气，从外界获取信息的 40 年。

巨大的人口压力

“人口压力”是指中国庞大人口基数的压力。包括日本在内的世界各国发表关于中国的言论时，往往会忽视“庞大人口”这一点，不负责任地批评中国。笔者因为常年与中国有来往，所以时常会想：作为“拥有庞大人口的国家的领导人，其压力和紧张一定是难以想象的吧”。

在讲述中国成长要因之前，先要对拥有庞大人口的国家的历代领导人进行正面评价。正因为有巨大的人口压力，所以考虑问题时需要更精准、更深刻，这也成为孕育伟大战略的契机。

在庞大人口的压力下，半途而废的政策是行不通的。如果没有大胆的战略，更不可能让整个国家运转起来。

在战后初期，日本的政治家也有复兴国家的紧迫感，但是现在的日本很少有政治家会想到人口的压力。日本民众有一种天生的“老实认真”的国民性。虽然多次遭受大灾难，但受灾者也能一直忍耐。贫富差距增大，社会矛盾加剧时，也不会产生暴乱。虽然有提出安保法违宪，政治沦为政治家以权谋私的手段等抗议的声音，但因为日本国民性比较老实，所以时间一过，风浪也就平息了。

为了吸引到选票，选举口号就像“批发超市为招揽客人大肆散发的传单”一样，即使最终没有兑现，也没人抗议这是“欺诈”。

但是，中国的人口是日本的10倍以上，而且是多民族共同居住，还有大批等着致富的人口。所以，庞大的人口压力使中国领导人必须成长起来。

务实的政治

领导人的经验会受到个人能力和政治体制的影响。

将中国的政治与日本的政治进行比较，就会发现虽然制度有所不同，但是政治家的经验和经历，会使他们从政的政治手腕天差地别。

日本的政治家是从较小的选区里选出来的，比起国家、国民，更重视地区、居民和选举本身。也有与个人能力无关，凭借世袭成为政治家的人。

但是，中国的政治家需要有从政的经验。想成为干部，需要有基层的工作经验，而且从政的业绩会被考核。一句话，他们都是经历基层工作的种种磨砺，崭露头角而逐步走进政治舞台的中央的。

中国共产党第十九届中央委员会第一次全体会议上选出的常务委员们，他们的经历如下：栗战书有在河北省、陕西省、黑龙江省的从政经历；汪洋 17 岁起就在食品工厂工作，有在安徽省的从政经历；赵乐际是从青海省商务厅的行政人员逐步晋升为省委书记的；韩正在上海市从做仓库管理员起步，逐步上升成常委。

习近平主席也曾经在福建省、浙江省、上海市一共有 22 年的从政经历。

第七节　社会的风土人情

科学的进步和海外留学

随着经济的发展，来自中国的留学生如今遍布世界各国。现在，美国的留学生约有30万人，其中大约1/3是中国留学生。在美国以获得博士学位者为对象发放的H-1B非移民签证获得者中，中国人的数量也远远超过其他国家。

而且，通过招收中国留学生收取学费，有助于大学的经营，美国也很欢迎中国留学生。

中国政府也通过国家留学基金管理委员会积极推进公费留学，每年在资源、环境、信息、生命科学、航天、海洋、纳米高科技、新材料领域都支持大批公费留学生去海外留学。他们回国后对科技的发展作出了贡献。

遍布世界的中国留学生也是中国开拓者精神的一种体现。

留学需要一个人在海外独立生活的坚强意志。日本海外留学生数量很少，也许是因为有这样坚强意志的年轻人比较少吧。中国的这些留学生把海外的知识和信息带回国，也有很多人回国后进行创业。

政府为了支持回国留学生，创建了“留学生创业园”，进行资金上的支持。

“以人为本的科学发展观”也通过对留学和创业的支持得以体现。

留学生对中国社会面貌的影响非常大。他们能适应各种变化，勇于挑战，成为中国活力的来源，对经济发展作出了贡献。

笔者的一位中国朋友曾经在日本留学过，时隔 5 年后再次造访日本，去自己曾生活过的地方，发现完全没有变化，街景也没有太大的变化，那些曾经常去的店里面的人也还是一样，他对“没有变化的日本”感到非常震惊。

中国这 30 年城市的面貌已发生了巨大变化，如今也仍然在变化着。据说在 20 世纪 90 年代中后期，世界上约有 1/5 的吊车集中在上海，城市的面貌每年都在发生着变化。

中国这 30 年是“变化与共存”“变化才是王道”的 30 年。在变化中成长起来的中国年轻人，越来越积极向上，主动从海外吸收新鲜事物，不断支撑着中国的发展。

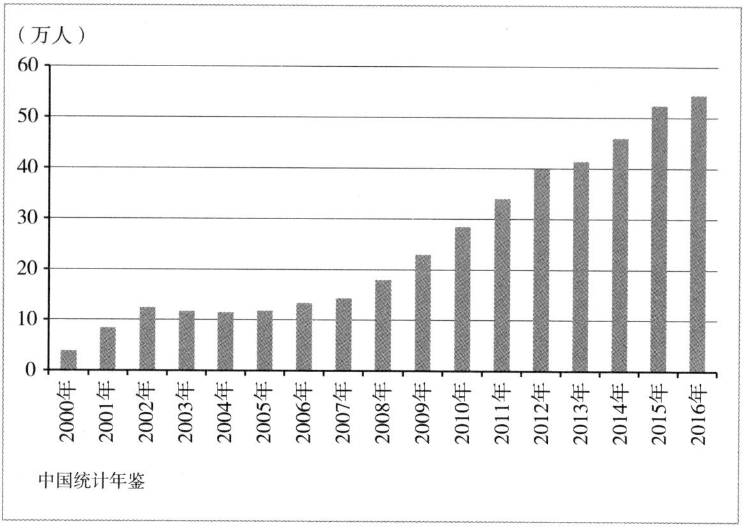

图 7　中国出国留学生人数的变化

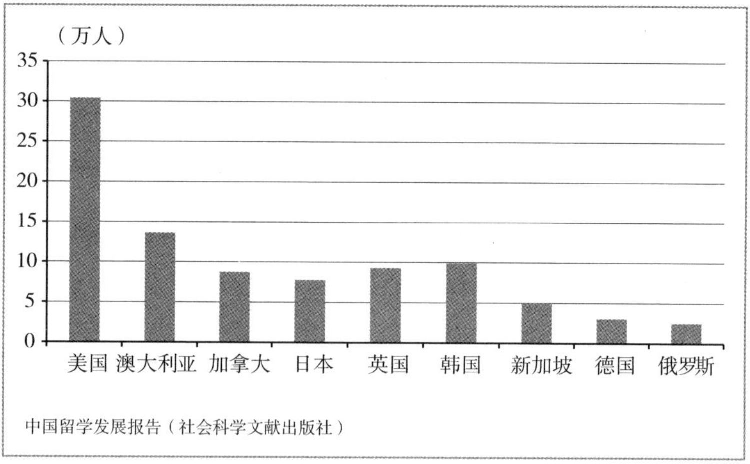

图 8　在中国留学的各国留学生人数

中国人的顽强

笔者在 1991 年就感受到了中国的活力，开始与中国交流。但是，当时周围日本人的反应是“为何是中国呢”。和美国人打交道，在日本会被赞赏，但是和中国人打交道，则被认为是异类。日本是一个重视与周围协调一致，讨厌异类的社会。

但是，在中国，人们欣赏“个性”，没有个性甚至会成为被轻蔑的对象。

当时在一家工厂，有一位女员工对支付给自己的工资不满意，去找公司讨说法时，她抱怨的是：“为什么我的工资和他一样？”

笔者就想到“如果不重视自我个性的话”，可能很难在中国工作。

了解日本的中国人可能知道，日本社会是有了 1、2 然后才有 3 的。但是，中国不是这样的。因为不知道未来会怎样，所以必须走在别人前面，才能看到未来。而日本已经有了既定轨道，所以不用去争抢，只需按顺序排队，就能等到属于自己的位置。

注重个性的中国人，自我主张比较强，晋升的动机也比较强。

中国企业在世界各地进行投资。在非洲的偏远地区也能看到中国人的身影。中国人的性格甚至影响着全球的国际化。

中国人是非常顽强的，他们可以吃着方便面，却完全不受影响地走进非洲的施工现场。但是日本人，如果没有温水冲洗马桶的话，就不愿意去海外，这样的人越来越多。在日本，干净卫生会受到好评。但另一面，却太拘泥于无菌环境，讨厌不卫生，缺乏顽强的生活能力。

日本人的世界越来越窄，但中国人却越来越坚强，成为促进世界经济发展的动力。

管与放的和合

笔者回到日本，在机场等机场巴士，听到"请按照标志线排成两列"的指示时，深深感到，日本社会好比有一个成型的模具，然后将人放进去适应这个模具，形成标准化。

来日本旅游的中国游客大声喧哗和他们的态度会受到日本人的批评，无非是因为日本社会对无法用模具来规范的人产生的疏远心理吧。日本的街道也是非常安静的。乘坐电车的乘客安静得好像是葬礼守夜时一样。

将人嵌入模具的社会，注重均等，擅长品质管理，在制造方面比较擅长。

但是，这样的社会极端排斥人与人的不同，抹杀个性，缺乏前进的动力。

但在中国，这种模具式的管理并不适用。中国是个"管即停”的社会。但是，完全不管又会乱。腐败问题就是最好的证明。

中国社会的稳定成长是对开放的“放”中产生的“乱”进行管理的结果。

给过热经济进行降温的“限令”就是“管”的体现。

在“共同富裕”中，“管”是非常重要的。因此，政治权威、权力就变得重要。“管”是计划经济，“放”则是市场经济。

“管”与“放”的“和合”是经济发展的重要原因。

“没问题”

中国人经常说“没问题”，但是日本人听到这句话时却会很困惑。

日本社会是一步一步确认好后，才能向前推进的。没有确认过的话，就不会放心。“没问题”对日本人而言是最令人困惑的说法。

在日本推动事情向前时，如果说“没问题”，恐怕就会被大家看作一个不谨慎的人。因此，在日本文化中，“没问题”是比较异类的说法。

但是，笔者在回顾中国的发展过程时，发现“没问题”也是中国经济发展的一个重要因素。

将中国的情况与经济发展长期处于停滞状态的日本进行比

较，就能明白这句话的意义。在中国也深受好评的日本企业家，松下的创始人松下幸之助先生也说过“先做做看吧”。这句话与“没问题”是精神相通的。

经过经济高速发展变富裕起来的日本人，不管做什么事情，首先考虑的是风险与问题。笔者连续40年从事经营咨询方面的工作，在刚刚进入这个行业时，先被教会的是“现状分析”“问题分析”。

分析对方公司所处的环境，花时间对问题进行分析，并列出这些问题，寻找对策和改善方案，笔者在这方面接受了完备的训练。

总结这方面的经验与方法，笔者出版了《经营咨询的方法》这本书。当然，其中总结的方法并非错误，但太拘泥于这些方法，就只能关注到问题，存在无法前行的风险。

太执着于问题，考虑风险，若不实际进行分析的话，就无法着手开始推进，这也会成为一种习惯。

然而，想一下改革开放刚刚开始的中国，当时是一个什么情况呢？那是连社会主义市场经济是什么都不明白，大家只能白手起家开始探索的时代；也是一边尝试，一边推进市场经济的法律、制度、组织、体系完善的时代。

据说，当时的中国最缺乏的就是两类30万人才：30万律师和30万税务官。

在那样的社会状况下，即使考虑到风险，很多事情也是无法预测的，甚至连预测的对象也没有。因此，周密的计划只能是画大饼。

即使在适应了社会主义市场经济，其运作方式逐渐变得清晰，中国开始引领世界经济发展时，预测风险也是很困难的。因为中国的发展速度太快，在分析问题的过程中，环境和条件又发生了变化。

因此，笔者认为通过“没问题”的构想，“边推进边思考问题”是在这个时代生存下去的一种智慧，也是最棒的词。一边向前推进，一边去思考解决问题的方式。因此中国人擅长于制定对策。如果不向前推进就碰不到问题，也不会产生解决问题的对策。

正如松下先生所说“先做做看吧”。也许正因为有了“没问题”这种想法，中国才会“前进”。

“马马虎虎”

“马马虎虎”和“没问题”是相关联的话。

1991年，笔者刚开始在中国工作时，尚不能理解“社会主义市场经济”的意思。社会主义国家和市场经济该如何产生关联，对此不太明白。

当时笔者认为“不去看看，是不会明白的”。

因此，为了了解“社会主义市场经济”，开始推动了几项事业。

一是和上海同济大学进行餐饮合办事业，一是和南京空军上海管理局合办的事业，还有一项是日本室内装修建材销售的事业。和空军方面的合作，当时是租赁上海管理局运营的招待所办公楼。笔者在签合同时，询问上海管理局的局长“这样行吗”，局长的回答只有一句话“没问题”。然后，他又加了一句话“我们军人不说谎”。通过彼此间的合作，局长遵守了承诺。也许在当时，甚至连当事人的局长也未能真正明白“社会主义市场经济”的意思吧。

军队开始从事经济活动，对局长而言也是一个“大姑娘上轿——头一遭”吧。

由于社会体制和社会制度的不同，许多日本企业对到中国投资踟蹰不前。

回顾起来，在当时，日本企业若要在中国进行投资，大多数人会反对，他们会说“无法将资金带回日本了”，“销售的钱肯定收不回来”。

即使是在过去了30年后的今天，日本企业似乎也仍然存在这样的担忧。

大家认为“马马虎虎”不是一个好词。但是，对犹豫着不敢到中国投资的企业，笔者想说的是“光考虑问题的话，是无法前行的。马马虎虎不就可以了吗？其实，到底有没有问题，谁也不知道”。

中国有句俗话说“上（国家）有政策，下（老百姓）有对策”。即使有问题，也会有解决的对策。

关系社会

中国是一个“关系社会”，“人际关系”使社会更顺畅。“关系社会”背后的含义非常深奥，也是“走后门”“腐败”等违反法律、损害社会公平的原因。

虽然存在各种各样的问题，但人际关系的重要，在中国和在日本都是一样的。难以解决的问题通过人与人之间的智慧去解决，也是关系社会的要素之一。

人们通过和他人的交往，可以排解孤独，通过建立关系产生一种安心感。“关系”也是帮助人们在社会生活的救生艇。在我们陷入困难、感到迷茫时，“关系”是给我们带来勇气、推动我们前行的“动力”。中国人在发展关系，建立朋友圈方面的愿望远远比日本人强烈。

中国古语云：“小才不知有缘，不懂用缘；中才知有缘，但不善用缘；只有大才，知缘而且善用缘。”中国人善用缘，甚至连“擦肩而过”都能建立缘分。

这种关系社会的传统，和如今的网络社会息息相关。

微信和社交媒体的快速发展，也是源于中国拥有愿意尽可能多交一个朋友的历史传统吧。

在经济活动中，“关系”并非完全是消极因素。拓展朋友圈，可以使经济更活跃，能够更便捷地获取信息，减少时间浪费。在法律、规则的存在感还不太强、信息服务滞后的时代，朋友圈可以起到获取信息的辅助作用。拓展朋友圈的交流活动使餐饮业、礼品消费更活跃，也可以推动经济的发展。当然，与“腐败”相关的恶习、人情也是问题。

从日本的商业思维看，也许中国式在建立“关系”上的努力貌似是在浪费时间。不安排宴席，直接开始进行商业洽谈还可以控制成本。但在这样的社会中，不会有大的拓展。这是因为在日本人看来浪费时间的宴席，同时也是交换信息的场所，是经济发展的润滑剂，这支撑着“关系社会”的发展。

面子社会

人们经常说中国是个“爱面子的国家”，喜欢比别人更出众、更显眼，追求规模更大。

因此，中国经济容易过热，也是造成产能过剩的原因之一。地方政府积极推进“形象工程”，也会造成浪费。

但是另一方面，面子也是参与竞争的一种能量。

在中国经济发展的过程中，面子是如何发挥作用，如何支撑经济发展的呢？

随着改革开放的进行，很多省份和城市为了面子都开始推进经济建设。

但是，在当时要想做城市计划是很困难的，因为发展速度太令人惊讶了。

1992 年中国的经济增长率是 14.1%，1993 年是 13.6%，1994 年是 13.1%。

在进入 2000 年后的 2007 年，中国也以 14.7% 的速度高速增长。之后，中国迅速超过日本，成为世界排名第二的经济大国。这是过去的经验和常识所无法预测的时代。

20 世纪 90 年代末，日本的知识分子中还有人断定汽车在中国一定没有市场呢。

这样的时代，需要有不受常识和经验所拘泥的创新。那种超越常识的创意从结果上看往往是对的。

2015 年，中国乘飞机出行的旅客人数为 3.94 亿人次，是 2000 年的 6.5 倍。2015 年，深圳机场每年乘飞机出行的人数约为 3970 万人次，2020 年这个数字将会达到 4500 万人次。

因此，现在深圳正计划建设与香港共用的第二机场。中国还有很多机场在进行扩建工程。北京的新国际机场，上海浦东机场第三、第四航站楼，广州机场第四、第五跑道和第三航站楼的建设都正在推进中。

在经济以令人惊讶的速度飞速增长时，制订城市计划和进行基础设施建设是非常困难的。笔者认为，在中国经济发展的过程中，“爱面子”起到了很重要的推动作用，帮助受常识局限的人去进行决断，推进基础设施建设的完善。爱面子在支撑经济飞速发展中所起的作用，也是不容忽视的吧。

常识所不能预测的发展

美国和日本的媒体人常常根据自己的知识和经验进行推断，对中国的事情经常持批评的论调，却未能用发展的眼光看中国。

其中一个案例就是被称为“鬼城”的鄂尔多斯。2012 年美国的《时代》杂志报道了鄂尔多斯的“鬼城”。日本的一部分媒体也跟风进行嘲讽。采访中国高铁的日本报纸这样报道贵州省的贵定县车站：“乘务员比乘客还多的车站。”并评论说“中国的高铁梦想变成泡影”。

笔者亲自走访了鄂尔多斯的康巴什新区和贵州省的贵定站，之后在《日中论坛》的专栏中，写下这样一段话：“鄂尔多斯将成为世界有名的美丽城市。粤港澳大湾区的发展将会使去世界自然遗产城市桂林和荔波的游客人数增加，农民工乘坐高铁将使贵定县车站的乘客人数增加。”

若要对“鬼城”进行评价，需要花时间考虑其发展至今的过程，以及城市的经济、环境等多方面的要素，并且需要花时间对整个城市环境进行考察。被大家嘲笑为“鬼城”的康巴什新区，如今居民人数在增加，城市面貌也发生着变化，这是情理之中的。鄂尔多斯市的人均国民生产总值现在在中国城市中也名列前茅。爱面子促成了康巴什新区的建设，同时也让政府不会对“鬼城”弃之不顾。

但是，美国和日本的媒体一叶障目，却嘲笑中国发生的各种事情，持续传播一些误导读者的信息。若要谈鄂尔多斯，需要预测 10 年后、20 年后的情况再下结论。等到那个时候，曾经被嘲笑的城市建设会被认为是先见之明。推动“有先见之明”的基础设施建设靠的正是“面子”。

女性在社会上的活跃

支撑中国发展的另一个因素是女性在社会上非常活跃。中国和日本很明显的一个差异是女性积极活跃于职场之中。在中国，女性活跃于各行各业中，且处于很重要的位置，这使社会和经济更具活力。

效果之一就是家庭的收入。从就业人员的人均工资来看，中国和日本还存在较大的差距。但若以家庭为单位来看的话，差距就缩小很多，这是因为中国的女性大多作为正式员工在工作。家庭收入增加了，购买力也会增强，生活方面也会更加从容。在日本，家庭主妇的比例较高，女性就业者很多并非全职员工，而是以打短工、派遣和临时工的形式在工作。

现今的日本政府也将“女性在社会上的活跃”作为政策的议题之一。但是，这大多是为了选举提出的口号，真正付诸实践的非常少。在政府的支持者中，右翼分子、国粹主义者非常多，他们仍然保留着“女性持家是一种美德”的传统思想。因此，“女性在社会上的职业发展”是实践不足的。

双职工家庭有双份收入会让生活更从容。在中国，夫妇双方即使有一方暂时失业，另一方的收入也可以暂时维持生活。但在日本，如果丈夫失业了，因为无法偿还住房贷款，房子被收走的例子也并非罕见。中国和日本在这点上有所不同。在中国，女性的生育、产假都能得到保障，而在日本，休产假的人在职场上可能会感到比较难为情。

如果能有双份收入维持家庭生计，丈夫或妻子也能为了更好的职业发展，挑战新工作，创业时的心理压力也会小很多。这种情况也能成为支持大众创业，使私营企业数量增加，促进经济增长的一个因素。

第八节　农村的稳定和农民工的贡献

农村社会的稳定

中国经济的发展始于“世界的工厂”。支撑世界工厂的正是“农民工”。20 世纪 90 年代初期，笔者在上海浦东开发区招揽工人时，从清晨开始就有人在门口排起了长队。看到这样的情形，笔者充分感受到了中国人对工作的热情。

邓小平提出的“先富论”最根本在于“希望”。通过给中国的老百姓带来希望，邓小平带领着中国向前发展。

很多日本人对中国改革的走向持怀疑态度，主要原因在于认为中国政府没法治理好这么庞大的人口。但是，政府却将民众团结在一起，取得了经济的飞速发展。

1990 年中国人口是 11.4 亿人，其中 73.6%，即 8.4 亿人是农村人口。

拥有 8.4 亿人口的农村社会相对稳定，并输送出大量农民工进入城市，支持世界工厂的发展，他们的贡献是非常大的。

改革开放给农村带来了希望，这也是农村稳定的重要因素。

笔者认为农村产生了希望，主要有以下原因：

· 农业承包制的实行和农业税的废除；

· 农民工挣的钱通过“汇款”的方式反哺农村；

· 政府在农业振兴、道路建设、修建学校等农村基础设施建设方面的投入；

· 乡镇工厂和农村企业的兴办，给农民带来了现金收入。

在谈中国经济的发展时，不可忽视农民工的贡献。

老实而积极上进的农民工

提起农民工，很多人可能认为廉价劳动力是中国发展的动力。但是，并不仅仅如此。

笔者为了招募工厂的工人，曾经到过中国西北的甘肃省、南方的广西壮族自治区，还有西部的四川省等各地职校，面试过数千名农民工。笔者认为员工招聘与购买物品不同，如果没有见到本人，没有实际交谈过，而仅仅告诉中介公司自己需要的员工人数，其余的全权委托给人才中介是不行的。

面试时，笔者问过如下两个问题：“进来后，你拿到的第一笔工钱准备怎么花？”“和你小时候相比，你的家乡发生了哪些变化？”

通过这两个问题，笔者慢慢了解到中国农村的变化。也了解到来参加面试的这些农民工非常乐观，对未来充满了希望。

他们对自己家乡的变化感到非常自豪，这样告诉笔者：

“泥土房变成了砖瓦房，如今又盖起了钢筋混凝土的3层楼房。”

“我读小学时，学校的窗户没有玻璃。现在装上了玻璃，非常暖和。”

“家里装上了热水器，我和父母现在能洗热水澡了。”

还有学徒工感触很深地提到家乡道路施工的进展，“从家里走出来，走一步是泥巴路，走两步是水泥路，走三步就到国道了”。

“工钱当然要寄回家里。我父亲、母亲每天凌晨两点就起床，去街上卖菜。为了父母，我也要加油。”有学徒工含泪这样说。

笔者在问面试者他们家乡的变化时，能感受到这些年轻人的目光炯炯有神，令人印象非常深刻。

据2016年的统计，中国离开户籍地在外居住的流动人口约有2.45亿人。其中，农村户籍的人口约占85%。他们中的绝大多数作为农民工在城市里打工。

最近，中国农村也富裕起来了，每个月给父母寄钱的人变少了。但在10年前、20年前，很多农民工每月都会往家乡汇款。

即便每个月只有 1000 元，聚集起来也有庞大的资金流向农村。农民工寄回去的工钱给农村带去了莫大的希望。笔者也是在明白了农民工所起的重要作用后，才认识到日本对中国贫富差距的批评是片面和肤浅的。

第九节　中产阶级的扩大和巨大的市场

城市中产阶级的扩大

对中国城市居民收入差距的批评是错误的。日本会把中国上市公司董事会中排名前三的人与城市家庭的可支配收入进行对比，从而得出中国城市居民存在很大的贫富差距这样的结论。城市居民其实有很多收入未被统计进来，比如有人除了拿工资外，还通过兼职挣钱。进行房产投资和理财投资的人也不计其数。将投资的房产出租给他人获得的收益，不会在公开的数字统计中体现出来。

就社会整体而言，中国普通民众的收入比富裕群体的收入更多。如果民众工资外收入部分也统计进来的话，城市居民的收入差距会缩小很多。正是这样的收入状况支撑着消费，所以实际上中国的消费并不是过少。

中国发展的重要原因之一是中产阶级使消费社会不断扩大。民众工资外收入的存在，使中国比日本及欧美各国预测的时间要更早地进入中产阶级引领经济发展的社会。

超1亿人次赴海外旅游，爆买、“双十一”、网购规模不断扩大等现象，如果从中国中产阶级数量的激增去看，就会很好理解。

世界的市场

中国的人才招聘中心被称为“人才市场”，人才称作“人力资源”。正因为中国将庞大的人口看作人力资源，才实现了经济的高速发展。但是，这些人力资源同时也是生活者。伴随着经济的发展，生活者会慢慢变成消费者，形成支撑经济发展的巨大市场。

对相对保守闭塞的发达国家而言，中国市场的魅力绝对是巨大的。中国被称为“世界工厂”，也被视为威胁，但我们应该从世界工厂和世界市场正反两个方面来看中国。

所谓“世界工厂”的威胁，是指中国较低的劳动成本，这是其竞争优势。在世界各个角落都可以看到“中国制造”的商品，感受到这一“威胁”。正因为中国生产的商品已经进入世界各国，今后将会面临激烈的竞争。要在竞争中生存下来，需要改善生产环节，提高品质，增强设计感。这就是如今中国推进“中国制造2025”计划的初衷。

为了实现这一点，中国需要从海外引进新设备、新材料和新技术。如此一来，中国的市场会进一步扩大。

如果质量和技术提高的话，中国制造将会成为具有更高附加值的高质量工业产品。这将会进一步刺激中国的国内市场，使市场进一步扩大。家电、手机、汽车等领域也会这样逐步扩大市场。

拥有 13 亿多人口的市场具有无限的可能性。为了赢得这个市场，外资会参与进来，投资工厂和零售业，此外服务业市场也会成熟，中国经济会更加活跃。13 亿多庞大人口带来的巨大市场将会支撑中国经济的持续发展。

消费支撑经济

在日本，大家会认为中国的劳动分配率非常低，消费没有增长，认定中国经济属于“投资主导，消费过少”型，但这其实没有认识到中国经济的真实状况。

“依赖投资，消费过少”的言论是忽视中国历史和现实环境的纸上谈兵之说。

“依赖投资，消费过少”这一言论的错误，在于仅从 GDP 中消费和投资的比例就得出低消费的结论。1985 年中国 GDP 消费比率为 64.5%，投资比率为 39.5%。过剩投资论者认为，1985 年的中国是消费带动经济增长的典型。

投资是消费的基石。在日本，若是为了巩固政权进行公共投资会成为问题，但是没有投资的话也就无法培育消费市场。通过旅游、网购、家具、汽车等方面的投资能使市场扩大。中国是拥有广阔国土面积和复杂自然条件的国家，通过投资就能实现经济增长。连接贵州省关岭布依族苗族自治县和晴隆县的北盘江大桥全长 721 米，建在高架上，距离盘江水面高度为 300 米。青藏铁路唐古拉车站附近的海拔为 5072 米。在这样复杂自然条件下进行基础设施投资，有助于提高技术水平，带来经济增长。

中国的第一条高速公路是连接上海和嘉定的道路。当时的上海市民上班主要还是依靠自行车和有轨电车。

1991 年上海市最终消费占 GDP 的比例为 43.2%，2001 年为 47.5%，2015 年为 59.1%。作为国际大都市的上海正因为固定资产的投资，才转型为国际化大都市。将投资已很成熟的日本、美国与正在发展中的需要依靠大型基建拉动消费的中国的消费比例进行比较，并批评中国的问题，这种做法是实在偏颇。这种批评没有看到中国社会的动态变化，仅仅依靠统计数据来进行判断。如果中国真的是消费过少的国家，那么规模不断扩大的网购市场、汽车市场和旅游市场就无法解释了。

此外，住房需求与消费之间的关系也是很微妙的。从 GDP 数据来计算，购买住房是一种投资，但这仅仅是会计统计上的科目划分，实际上购买住房是人生最大的一笔消费。

购买住房后，消费会扩展到家具、汽车甚至旅游市场等多个领域。

很多中国民众正处于存钱购买住房的储备阶段，在这种情况下谈中国的消费过少也是没有意义的。

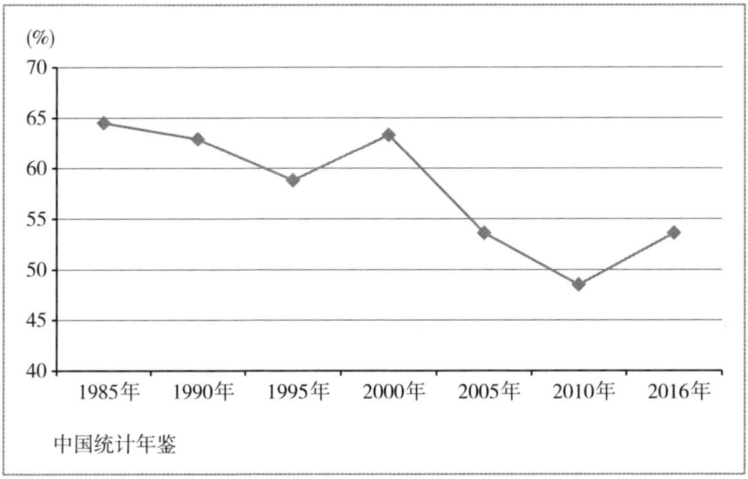

图 9　中国的最终消费支出占 GDP 比例的变化

劳动分配率并不低

指责中国劳动分配率低的说法也是错的，错误在于未能理解中国劳动分配率低受到了统计的影响。一是在有关 GDP 的收入统计中所得收入范围的划分，二是隐形经济和隐形收入的问题，三是工资外收入的统计。将这些因素都考虑进来时，事实上中国的劳动分配率并不低。

GDP 的统计有三种方式，分别是从“生产”、“所得”和“支出”三个方面进行的计算。从所得进行计算是按照“劳动者报酬 + 纯生产税 + 固定资本减耗 + 营业盈余”来计算的。劳动分配率的计算方式是“就业的所得（劳动者报酬）÷ GDP”，如果按照这种方式计算，中国的劳动分配率的确比日本和先进国家低。

劳动者的报酬是指从工作单位赚取的工资和津贴。营业盈余是指法人和个人企业的所得。农业所得会被计入劳动者的报酬，但在市场上卖菜的所得，则被计入营业盈余。在中国，个人投资住房进行租售的人非常多。这些人从工作单位获得的收入被算作劳动者报酬，但房租收入则作为混合所得，被计入营业盈余。同一个人的收入在统计上的科目却是不同的。

中国还有很多自己做生意的个体工商户。

2012 年日本的个体经商户约为 220 万家，约占日本实有企业整体的 40%，同一年，中国的个体工商户约为 3896 万户，占中国实有企业整体的 79%。

2017 年年末，中国的个体工商户数量扩大到 6579 万户。

也就是说，在中国一般居民的所得，很多会被计算为企业的营业所得（营业盈余）。

而且，中国的工厂大多会提供餐饮，作为实物支出的一部分。如果不提供食物，而以餐饮补贴的形式支付的话，会作为劳动者报酬，但实物支出常常不会包括在劳动者的报酬里。所以，劳动者报酬和营业盈余的区分是非常含糊的。

笔者认为，中国的劳动分配率低不是因为居民的实际收入低，而是计算方式导致的结果。由此认为中国的劳动分配率低，所以消费也难以增长的观点，是不符合实情的。

用 GDP 统计国民经济的方式，包括源于苏联和东欧各国计划经济时代的生产与物质平衡体系（MPS 体系）和诞生于西方市场经济的国民结算体系（SNA 体系）。中国从计划经济时期开始采用 MPS 体系进行统计，1993 年开始则采用 SNA 体系进行统计。计划经济是重视生产与供给的经济，中国的 GDP 统计在生产预估方面比较强，但伴随着市场经济的发展，非物质部门，也就是服务业经济的统计变得非常重要。在这方面，中国还处于过渡期，第三产业的很多数据尚未被纳入 GDP 统计中。

表 2　各地区国民生产总值与劳动分配率（2016 年）

地区	地区生产总额（亿元）	劳动分配率（%）
北京	25669.13	52.5
天津	17885.39	40.2
上海	28178.65	43.4
重庆	17740.59	41.5

根据中国统计年鉴

统计中没有体现的消费

中国的自由派知识分子经常说“中国的 GDP 增长率有水分，实际增长率比公布的数字低”。

中国地方政府的 GDP 统计的确存在有水分的部分。但是，这部分与未能被统计进来的隐形部分相比，中国的 GDP 统计数据到底是偏少还是偏多，尚未有确论。笔者认为，未能统计进来的隐形部分远远超过有水分的部分。

服务业经济的统计也存在问题，中国经济中有很多消费未能统计进来。餐饮业经常存在的逃税等现象就是这一问题的具体体现。

中国的税收制度主要是增值税，增值税通过发票进行管理。

如果个人去消费时，没有拿发票，那么这部分消费就不会被统计进来。在南方地区的工厂，没有出具增值税发票的生产销售金额也应该是相当大的数字吧。

解读中国的经济需要一颗坦诚之心。中国每年汽车销量在 3000 万辆以上，超过 1 亿人次赴海外旅游，其消费不可能过少。

笔者近 30 年持续观察中国的经济，认为与外界所批评的相反，中国经济实际的情况远远超过所公布的统计数字。

GDP 和国民经济增长率的统计数字，其依据来源于庞大的资料和数据，媒体和个人都很难进行推算，因此也没有证实政府“撒谎”的凭据。

通过电力消费量和铁路货物运输量来推算经济增长率，这种方法适用于变化很少的社会。但中国是一个急剧变化的社会，与一成不变的社会相比，这两者处于两个极端。

在日本，有人认为中国在20世纪90年代经济高速增长期，电力消费量未有增长，因此中国经济的增长率是谎言。但是，90年代中国的经济增长是依靠加工贸易带动的。招聘大量农民工进行加工和组装，最后销售产品。当时中国工厂降低成本不是依靠机械化，而是依靠提高手工效率。因此，在那个时期，中国经济的增长率与电力消耗量的增长并不同步。

工业生产和电力消耗中既有灵活度非常高的行业，也有劳动密集型的生产行业，经济增长率与电力消费量的增长未必成正比。

同时，随着产量的增加，生产效率会提高，电力效率也会上升。而且，企业因为考虑到工厂员工的排班，也会想办法来提高效率。

中国电力消费的增长是在进入2000年之后，那时住房建设非常活跃，钢材和建材的电力消耗在增加。那些认为“中国电力消费没有增长，所以经济增长率是谎言”的人该如何解释2000年年初，电力消费增长率远远高于经济增长率呢？

此外，正在朝工业化发展，第三产业比重较高的社会，电力消耗与经济增长率的变化也是有差别的。

2012 年中国的电力消费量从产业类别来看：农林水产业是 2.03%, 工业是 72.81%，建筑服务业是 12.66%，生活消费是 12.5%。这一年的 GDP 增长率，第一产业是 10.08%，第二产业是 45.27%，第三产业是 44.65%。

从对 GDP 的贡献及电力消费来考虑，第三产业比第二产业的单位 GDP 电力消耗率明显要高。

现在的中国经济，第三产业的比重较高，每年电力消耗的增长率与经济增长率不一致也是在情理之中的。

另外，中国的住房建设和产业的库存调整等也对经济增长率和电力消耗的关系有较大的影响。如果建设投资和住房建设减缓的话，钢材和水泥的生产会随之下降。铁矿石、原油、有色金属、煤炭等重要物资生产所需的电力消耗弹性非常高，如果产量下降的话，电力消耗下降的幅度会更大。

这些物资生产在全社会电力消耗中所占的比重，与其产出的 GDP 比重相比，要更高。如上所述，经济增长率与电力消耗的关系是非常复杂的，无法简单地认为经济增长率高，电力消耗也就高。

货物运输包括铁路运输、卡车、飞机、船舶、工厂自运输等多种类型。不能仅仅依据铁路运输量没有增长，就断言中国经济增长率的数字是假的。

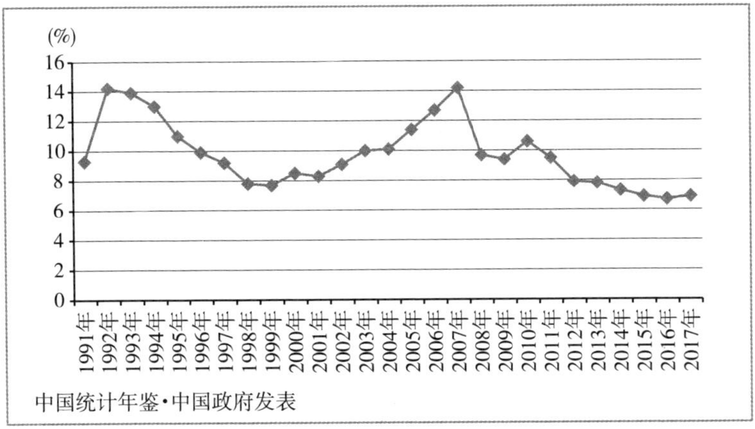

图 10　中国经济增长率的变化

第十节　住房建设和需求

住房对经济的影响

在考虑中国经济增长的原因时，住房需求是个影响非常大的因素。在日本经济高速增长时期，住房需求也对经济发展作出了巨大贡献。政府在城市郊区集中建设住宅团地（译者注：高密集的居民楼）。民众都憧憬早日住上自己的房子，为此忍受超长的工作时间，甚至被嘲笑为“辛勤工作的蜜蜂”。笔者小时候经常从电视上看到美国的房子是带有草坪的大庭院，还有很大的电冰箱。在电视画面中，孩子们过生日时，会有点着蜡烛的大蛋糕端上来。

当时日本家庭的冰箱则要从冰店里买冰块来用。带有草坪的房子、大电冰箱是当时日本人梦想生活的象征。

之后，日本经济开始发展，能买到梦寐以求电器的家庭越来越多。

日本国民对被称为三大件的“电视机、冰箱、洗衣机”非常憧憬的时期是在 20 世纪 60 年代前后。先买上这三大件，然后开始做起了“住房梦”。

中国人的“想拥有一套自己房子”的梦想与日本人是一样的。在改革开放初期的中国，“我的家”仅仅只是一个梦想。当时住国家分配的房子是再正常不过的了。之后，中国进行了土地使用权的改革，老百姓也能建自己的房子了。于是，人们都朝着梦想去奋斗。13 亿多民众齐心合力地朝着同一个梦想去奋斗，对经济的影响力可以说是其他事物所无法比拟的。

巧妙地给过热经济降温的政策

土地使用权制度的改革使个人拥有住宅成为可能，从而点燃了中国住房市场的兴旺之火。中国经济增长的突破口可以说是土地使用权制度的改革，这使部分人开始去购买一生中最大的消费，同时也是最重要的财产——房子。

因此，笔者认为，社会主义市场经济与土地使用权的改革是中国改革开放的两大发明。个人购买住房对经济带来的正面影响是难以计算的。

但在日本，有很多媒体和知识分子对中国的住房市场用“泡沫”一词来形容。他们断言“泡沫破灭”会使“中国经济破灭”。在《伊索寓言》中有“狼来了”的故事，至今还有日本人像那个少年一样，持续说着“中国经济破灭”这样的话。

13亿多人的住房市场在世界上也是绝无仅有的。仅凭过去的经验就得出结论来看待中国市场是行不通的。

不过，很多人没有认识到中国的特殊性，仅凭日本的经验就判断中国的住房市场。

“中国的房市泡沫正在破灭，令人惊愕的内幕”“中国经济的严冬已经开始”，这是2014年日本网站新闻的标题。

“惊愕”“严冬”，这篇报道登载了中国国家统计局公布的当年4月份的住房市场价格。该统计显示，中国全国约70个城市中，新房价格下跌的有8个城市。不知为何，网站新闻的标题就变成了“惊愕”和“严冬”。

当时，中国指数研究院公布了100个城市的住房价格，截至2014年4月，连续23个月都比上月有所增长。北京、上海、深圳、广州4个大城市从2013年9月开始连续3个月，房价与上年同期相比都超过了20%。

下降的原因包括为防止市场过热的金融政策收紧、限购和政府低价保障房的建设。

截至2011年，政府保障房建了3000万户，这之后的5年会继续建3600万户。而且，政府还采取了住房贷款限制、二套房限购和外地人限购等政策。

2006—2007年，北京约37%的住房由外地人和外地企业购买，限购对房地产市场产生了巨大的影响。

在中国的经济政策中，增长和稳定是非常重要的。在追求经济增长的同时，也要抑制经济过热。如果把重点放在经济增长上，经济过热会使物价上升，影响老百姓的生活。因此，为了给市场降温，政府经常会出台各种限令。不仅是住宅，在北京和上海购车也有限制。要统筹13亿多人实现共同发展，在宏观调控上是非常困难的。不像日本，政府只需单纯投入大量资金到市场就可以了。中国政府通过住房和汽车的限购令，努力实现经济稳定增长，这也是政府对市场经济进行的巧妙调控。

解读特殊性

在日本媒体报道“惊愕”“严冬”时，中国经济正处于房冷车热，车辆销售非常顺利的时期。截至2014年5月，仅仅5个月奥迪的销售量就达到了2010年的年度销售额，占整个世界市场的30.5%。当年1月奔驰的销量比上一年增长了45%，超过美国。

2010—2014年，日本很多经济杂志都以经济增长率的下降和住房价格的跌落为由，做了“中国危机”“中国的终结”“中国危机的真相”等特辑，报道了中国经济的风险。

某经济杂志这样报道，“高速增长时代结束了，出口和投资——经济增长的大引擎减速。中国想通过产业升级和结构性改革来克服这一难关，但却不知道该从何下手，中国各种各样的问题堆积成山”。他们在回顾中国经济增长原因时，究竟持何种观点，这是我感兴趣的一面。

刻意的信息操控自不必说，对中国经济的误解还有一个原因是来自日本社会的细分化，这使日本人从宏观角度看待事物，进行整体判断的能力变弱，只见树木不见森林。

有关“中国泡沫的破灭”的相关报道就是这一点的具体体现。

很多人根本没有分析过拥有13亿多人口的国家，其历史和社会环境、发展背景，民众对住房的看法、具体政策，就简单地从日本经济泡沫的崩溃联想到中国，得出这样的结论。

当日本报道“惊愕”“严冬”时，在中国也存在认为住房空置率太高，房地产市场前景黯淡的论调。

中国的住宅销售大幅度增长是在1998年前后。1986年的住宅面积为1835万平方米，仅占2012年销售面积的1.86%。1986—1990年，5年的总额也只有2012年的12%。因此，13亿多人口的大部分人是在20世纪90年代后期集中一起购房的。

1977年，中国的城市化率为17.52%，1981年为20.16%，1991年为26.9%，2012年为52.6%。伴随着城市化的发展，没有住房的人为购买住房而努力，所以使市场过热。

支撑中国房市的不是泡沫，而是“刚需”。

2012 年笔者在专栏中这样写道：

“1991—2012 年，中国的住房销售总面积为 79.7 亿平方米，按照平均每户约 80 平方米来计算的话，是 9961 万户。这样计算，中国城市家庭的住房自有率约为 40%，城市人口中也有尚不具备购房资格的人，而另一方面，在 40% 的已购者中，也有为了投资和孩子的未来，购买多处房产的人。还有人购买小产权房，这是和普通商品房不同类型的房产。虽然不能断言 2012 年还有 60% 的人口未能购房，但考虑到农民工，以及今后准备购房的人，中国房市刚需的市场还非常大。”

在日本，也有人根据晚上很多住宅没有亮灯来断言中国泡沫经济的破灭。没有亮灯的房子也有中国的“特殊性”。

在中国，住房对结婚而言是非常重要的。但是，有很多夫妻没有住在自己买的房子里，而是住在交通更方便的父母家里去上班。因此，新房一直是没有亮灯的状态。中国房市与日本不同的是，伴随着城市化的不断发展，住房市场的刚需会不断扩大。想要了解中国经济，就需要看到森林，看到中国经济的特殊性。

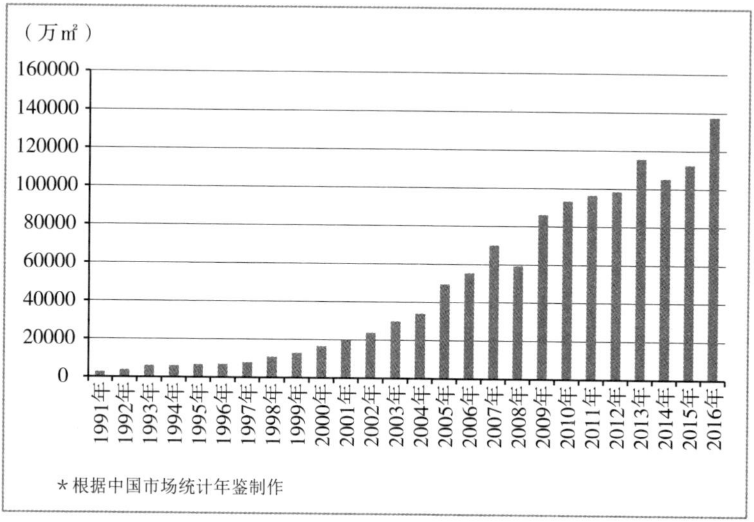

图 11　中国住宅销售面积的变化

第十一节　经济运营的巧妙

社会存量的增大

随着中国经济增长率的下降，日本媒体开始报道“中国的终结”，但经济增长率是本年度经济增加量占上一年度的经济总量的比例。

中国发展至今，使社会经济总量不断充实，这非常明显。这一充实使经济增长率计算公式的分母——经济总量——在不断增大。分母越大，增长率自然越低。因此，经济增长率下降可能并不是问题，有可能只是因为社会总量的增加。

以个人所得为例，工资为 5000 元，增长额为 500 元，与工资 10000 元，同样增长额 500 元相比，虽然从增幅上来看，后者减半了。但是，后者的生活会更从容，增幅下降也不会有太大问题。

G20 国家中除中国外，其他经济正增长的 5 个国家在 2016 年的平均经济增长率为 2.3%。仅仅因为增长率的下降就宣告中国经济的终结，是非常可笑的。社会经济总量在扩大，增长率下降是必然的。

新常态

中国经济的增长始于出口加工。通过扩大特区建设，吸引外资，增加社会生产力，随着出口的增长，海外需求也在增长。

但是，后来中国的发展模式发生了变化。主要原因在于世界金融危机后来自劳动力市场的压力、工资上涨、全球需求缩小导致出口下降、人民币升值，以及环境负荷的扩大，还有产能过剩的问题。

这些问题在世界金融危机后持续出现。之后，中国从依靠外部和能源消耗型经济开始向产业升级换代的“新常态”转换。

习近平主席在2015年3月博鳌论坛开幕式的主旨演讲中这样说：

“中国经济发展进入新常态，正从高速增长转为中高速增长，从规模速度型粗放增长转向质量效率型集约增长，从要素投资驱动转向创新驱动。2014年，中国经济实现了7.4%的增长，劳动生产率提高了7%，单位国内生产总值能耗下降了4.8%，国内消费贡献度上升，服务业发展加快，发展质量和效益不断提高。我们看中国经济，不能只看到增长率。中国经济的体量在不断增大，现在增长 7% 左右的经济增量已相当可观，集聚的动能是过去两位数的增长都达不到的。中国经济体量大、韧性好、潜力足、回旋空间大、政策工具多。中国将主动适应和引领经济发展新常态。”

新常态是指“从高速增长转为中高速增长”“从规模速度型粗放增长转向质量效率型集约增长”“从要素投资驱动转向创新驱动”。

技术、资本、生产要素、基础设施建设都不足，拥有庞大人口的中国，在经济发展初期，追求规模和速度是理所当然的。正是因为追求规模和速度，中国才有了发展。这一过程和中国社会及其经济的运行不能说是“异常”。

毕竟，美国和日本也是依靠追求规模和速度发展起来的。在环境问题方面，美国和日本是既得利益国家。

可以说，正因为追求规模和速度，才有了令人惊讶的发展，中国今天才能走向新常态。

但是，开启了这一时代的做法、特区政策及大胆的优惠政策也应该获得赞誉。中国正按照想要变得富裕的方式推动着经济发展。当然，在这一过程中也会产生环境污染等负面问题。正因为经济有了发展，中国才能应对这些问题。

金融制度

中国独特的金融政策、金融制度也对经济的稳定作出了贡献。

中国的金融制度和美国、日本不同的部分非常多。

日本的中央银行独立于政府而存在。但是，中国的中央银行隶属于国务院，是其下属的一个机构。因此，基准利率的设定、金融利率的变动都需要国务院的批准。中国的金融政策更加注重和政府的一体化。

通常，中央银行的金融政策是通过金融利率和存款准备金率等公开市场操作来进行的。日本银行对中央银行资金供给的依赖度比较高，中央银行通过法定利率的变动来调节市场上的资金量。

但是，中国的宏观经济调控是依靠发改委和中央财经领导小组等国务院机关来推行的。政府的经济政策会直接反映到金融政策上，从而能够适应经济环境，迅速推进政策的执行，这也是中国金融制度的优势。

这一体制的极端表现就是 2008 年世界金融危机时，中国政府财政拨款 4 万亿人民币，最终出资 6 万亿财政资金来拉动经济，这一举措挽救了中国经济和世界经济。

一般而言，中央银行希望货币、物价和汇率稳定，政府则期望经济增长和就业稳定。因此会降低金融利率，这有时会导致流动资金过剩，市场上存在大量的流动资金。如今的日本在这方面问题就比较大，日本政府会比较随意地操纵中央银行，实际负利率的金融政策一直在持续着。

一体化的金融制度对经济的发展有利，可以迅速应对资金的需求，政府也能有意识地通过提供资金去扶持重点领域，而且对经济的波动也能更及时地应对。

2014 年 8 月，中国银行新审批的贷款额减少了，包括保险和社会融资额都在减少。银行地方债务和影子银行的问题使存款准备金处于紧张状况下，人们开始担心流动资金的问题。当时，中国人民银行在政府的指导下增加了 7000 亿元的 SLF（短期流动性资金）。

另外，中国的外汇也集中由中国人民银行进行管理，外汇交易在外汇管理局的指导下进行，资金交易尚未自由化。政府决定外汇汇率上下的浮动额，有助于抑制外汇市场的急剧变化。

这些限令都有利于防止海外投机资金的流入，对缓解亚洲货币危机和世界金融危机的冲击作出了贡献。

在中国经济的发展过程中，国家开发银行和进出口银行等政策性银行所发挥的作用也非常大。

中国国家开发银行从四大银行接受政策性的金融，通过项目融资和债券发行，支持三峡大坝建设和西部大开发等国内基础设施的完善以及主干产业的培育，在此过程中发挥了强有力的作用。国家开发银行和进出口银行还与中国人民银行携手拨款，致力于棚户区的改造。

另外，这两家银行还在非洲和南美洲等新兴国家、发展中国家中通过项目融资进行能源、矿业开发、基础设施建设，成为中国走向海外的先头军。中国国家开发银行的资产能力据称已超过世界银行，在“一带一路”建设中通过对沿线国家进行能源支持及产业融资，实现了中国与沿线国家的合作，起到增强团结的作用。

中国的体制被称为政府、银行和企业密切结合的“黄金三角”，黄金三角的象征就是政策性银行，其贡献非常大。

影子银行的贡献

当然，中国的金融制度也存在利率变动不能与市场机制同步的种种弊端，过剩的经济流动性会导致经济过热，产生泡沫和投资浪费。

金融利率的限制是一方面原因，影子银行规模的扩大也是其中一个因素。地方政府对银行拥有很大的权力是导致地方政府融资平台产生债务问题的根源所在。

在影子银行的问题浮出水面时，日本媒体和观察人士一起批评满是借债问题的中国，宣扬中国出现了危机。但是，笔者在“日中论坛”中这样讲道：

在中国，有关资产证券化的讨论才刚刚开始。虽然中国并不存在美国式的最优惠利率贷款和证券政策，但是“影子银行”还是被作为与“雷曼危机”同等的问题提出来。雷曼危机发生的背景是，生活困难者成为最优惠利率的适用者，他们的房屋贷款与很多金融产品组合在一起，以证券衍生品的形式在世界范围内扩散，危机产生的连锁反应导致世界范围内的信用紧缩。证券化使各个环节流通的虚构的膨胀在世界范围内蔓延，却找不到风险的源头，这就是雷曼危机。与雷曼危机相比，中国的影子银行问题并非产生于成熟的金融体系中。虽然存在个别问题，但其连锁反应和产生的危机都是有限的，风险的源头也容易找到。中国的快速发展与现有金融系统之间存在差距，弥补这个差距的就是影子银行。理财和信托，都没有因证券化而周转扩散。

考虑到中国经济增速放缓、亏本经营式的理财和问题基金的破产，以及部分乡村萎缩等情况，中国不会发生类似雷曼危机的连锁反应。最多不过是股市低迷，个人或企业产生经济损失。有些想通过金融理财和艺术品理财，大赚一笔的有钱人可能会有损失，从而灰心丧气。理财和信托风险增大的话，资金会回流到银行存款，不会导致金融体系的混乱。相反，影子银行的问题会促进民营银行的完善和中小企业经营制度的完善。

笔者深入分析过中国存在三大金库，影子银行的风险不会成为整个中国的风险。三大金库是指“国有土地”、“国有企业资产”和“外汇储备”。“影子银行”的问题开始浮出水面时，中国在经常项目收支和资本项目收支上双双盈余，其中大半用于投资美国国债和金融机构债券，是世界上持有美国国债最多的国家。37000 亿美元的外汇储备，对外债务为 7370 亿美元，其中大多为短期贸易贷款。

在“影子银行”的问题出现时，日本的媒体和观察人士也批评中国的债务问题。但是，中国经济保持着每年 8% 的增长率，为了控制占 GDP 比重 63% 的中国债务问题，政府对通货膨胀也非常关注。而日本通过银行加印钞票，却未能实现物价上涨 2%，经济增长 2% 的目标，其债务却占 GDP 的 209%，这与中国相比，到底哪个国家的问题更大呢？如果冷静思考一下，就能明白。然而，日本媒体和观察人士欠缺的往往是客观。

早在十多年前，就有人指出中国银行存在不良债务风险。但笔者认为，中国银行有一个很大的担保，那就是中国经济的高增长率。

笔者若说影子银行对中国的经济增长作出了贡献，相信很多人会对此持怀疑态度。但，中国的影子银行的确是在金融利率管制和中小企业金融制度不完善的背景下应运而生的。在中国经济快速增长的情况下，作为现有金融体系补充的就是影子银行。

影子银行的问题被大规模提及，就是因为地方政府的融资平台。

分税制引入后，地方政府的财政收入下降了。而地方政府必须推进教育、社会福利、城市建设的发展。但至今地方政府发行债券是不被允许的。为了弥补这一点，就产生了地方政府融资平台。因此笔者认为“影子银行”也对中国经济的增长作出了贡献。

战略的投资

中国的国土面积是日本的 25 倍。某调查显示，现在中国农村的小学生平均上学距离为 10.8 千米，中学是 34.9 千米，很多中国小学生和中学生都是过寄宿生活的。

从国土面积的广阔来看，靠投资来支持经济发展是理所当然的。对住房、桥梁和道路都尚不完善的国家，指责其依靠投资拉动经济增长是没有意义的。

随着基础建设的投资，农村开始铺上水泥路，小学校舍装上了窗户，村里连上了高速公路，去香港和澳门旅游的农民也多起来了。

泥瓦房变成 3 层小洋楼，农村的消费也随之火起来。太阳能热水器、空调、摩托车、汽车多了，旅游市场也扩大了。如今，农村淘宝正在扩大。2016 年平均每 100 户农村家庭的汽车保有量为 17.4 辆。

经过短暂的忍耐后，中国经济发展结出了丰硕的果实。“乘坐高铁，早上在广州喝早茶，晚上在兰州吃牛肉面”成为可能，如今中国的旅游市场正不断扩大。

2016 年中国旅游的总收入是 4.69 万亿元人民币，旅游产业对经济的贡献率为 11%。这是投资基础设施建设的结果。

现在，日本正在计划建设赌场，预计客人大多会来自中国。中国人的海外旅游，已衍生出个性化定制的邮轮、家庭旅行和海外医疗等。日本曾是赛马、赛车、赛船、老虎机等博彩业的天堂，如今打算通过建赌场实现经济复苏。

像日本这样简单地进行投资会成为问题，但中国为了将来的美好生活，正在推进各项战略性建设投资，这将继续支撑经济的发展。

巧妙的分散战略

表 3 是 2012 年中国十大城市的地区国民生产总额的城市指数，其中以北京为 100 基准。2012 年，上海市为 112.9，重庆为 63.8，天津为 72.1。

日本经济的一个问题是东京过于集中，地方疲软。

表 3　2012 年中国十大城市的地区国民生产总额——以北京 100 为基准

地区	地区生产额（亿元）	以北京为 100 的比例 (%)
上海市	20181.7	112.9
北京市	17879.4	100.0
广州市	13551.2	75.8
深圳市	12950.1	72.4
天津市	12893.9	72.1
重庆市	11409.6	63.8
成都市	8138.9	45.5
武汉市	8003.8	44.8
杭州市	7802.0	43.6
青岛市	7302.1	40.8

中国城市统计年鉴 2013

如果 2014 年东京地区的国民生产总值为 100 的话，排名第二的大阪仅为 40。

中国分散式经济的发展带来了经济的增长。通过分散，中国更好地实现了稳定增长。

为什么中国会推进分散式经济的发展，理由有多个。

“战略式的政治”“历史上的地方治理”“领导人的地方从政经验”“地方的面子”“庞大人口的必然选择”“基础设施的完善”等因素都是中国推进分散式经济发展的原因，其中“战略式的政治”和“领导人的地方从政经验”的影响比较大。

中国的证券交易所并没有设立在北京，而是在上海和深圳，这也是一种巧妙的分散战略。

改革开放的试点始于深圳，之后再推进上海的浦东开发，然后拓展至全国。

1999 年中国开始“西部大开发”，2003 年推进“东北老工业基地的振兴”，2006 年推出“中部崛起”“甘肃循环型经济模式”，还有在甘肃省的关中－天水经济区，吉林省的图们江开发区等，在全国范围内推进地方振兴战略，巧妙地将经济发展的布局分散至内陆地区和西部地区。2009 年，社会固定投资额与上一年同期增长的比例，在重庆为 31.1%，武汉为 32.7%, 西安为 32.5%。

其结果就是，重庆成为汽车和 IT 生产上具有代表性的城市。重庆市的汽车生产数量 2010 年为 162 万台，2014 年为 263 万台，增长了 62%，大幅度超过全国的增长率。在电脑生产上，2010 年生产数量为 1800 万台，2014 年为 6280 万台，已成为世界级的电脑生产基地。

如今在重庆生产的电脑，正通过中欧班列出口到欧洲。

表 4 是 2010 年主要城市的金融机构本部的数量。表 5、表 6 分别是 2016 年十大城市的大学数量和固定资产投资总额。通过这些表格可以理解何谓分散式经济。

中国从很早就开始推进的分散式发展战略给城市带来了活力，引领了经济的发展。

表 4　主要城市的金融机构本部的数量(2010 年)

分类	形态	北京	上海	天津	广州	深圳	总计
银行	政策银行	3	0	0	0	0	3
	国有商业银行	4	1	0	0	0	5
	股份银行	4	2	1	1	2	10
	城市商业银行	1	1	1	1	1	5
政券	证券公司	11	14	1	2	17	45
	基金管理公司	7	28	1	0	17	53
	期货期权公司	20	26	4	7	11	68
保险	财产保险	12	11	1	1	4	29
	人身保险	20	11	2	1	3	37
	再保险	4	2	0	0	0	6

《南方都市报》

表 5　十大城市的大学总数(2010 年)

城市	大学设置数(校)
北京市	89
武汉市	78
广州市	77
上海市	66
济南市	66
重庆市	56
天津市	55
西安市	50
成都市	50
哈尔滨市	49

2011 中国城市图鉴

表 6　十大城市的固定资产投资总额(2010 年)

顺序	城市	固定资产投资总额(万元)	占整体的比例(%)	以北京为 100 的指数
1	重庆市	69,347,966	2.6	126
2	天津市	65,114,200	2.4	119
3	北京市	54,935,179	2.1	100
4	上海市	53,176,663	2.0	97
5	成都市	42,553,662	1.6	77
6	沈阳市	41,391,498	1.5	75
7	大连市	40,478,904	1.5	74
8	武汉市	37,531,682	1.4	68
9	苏州市	36,178,211	1.4	66
10	广州市	32,635,713	1.2	59

2011 年城市统计年鉴

分散战略的推进需要政治理念，需要让 13 亿多人口变得富裕起来的国土规划理念，需要从计划性、战略性的眼光制定政治策略。为此，需要政治上的稳定。可以说，领导人的理念和稳定的政治体制带来了分散式经济的发展。

经济圈的有机结合

中国城市与“一带一路”“中欧班列”“中亚班列”等中国对外战略有机结合，向前发展。连接重庆、武汉、苏州、广州、东莞、大连等多个城市的欧洲国际货物列车——中欧班列，经过莫斯科、华沙、杜赛尔多夫、马德里、汉堡等城市，将中国与欧洲连接起来。

具有代表性的“渝新欧”列车从重庆出发由兰州进入乌鲁木齐，然后进入北疆铁路，经阿拉山口与哈萨克斯坦、俄罗斯、波兰相连，延续至杜赛尔多夫。

“中亚班列”连接的是兰州和土库曼斯坦、乌鲁木齐和哈萨克斯坦的阿拉木图。从广州经拉萨进入尼泊尔加德满都的铁路线也在规划中。各个城市正在竞争推进分散式经济的发展。

为了让呼包鄂榆、辽中南、京津冀、山东半岛、中原、关中、川渝、长江中游、长三角、海峡西岸、珠三角城市群的经济圈相互竞争和发展，中国进行了经济的巧妙布局。包括香港、澳门和广州、佛山、肇庆、深圳、东莞、惠州、珠海、中山和江门在内的九市二区珠江三角洲都市圈被称为“粤港澳大湾区”。这个大经济圈的土地面积占全国的0.6%，常住人口约占4.7%，国民生产总值约占12.5%，2016年其GDP为1.4万亿美元，名义GDP超过澳大利亚、俄罗斯，与韩国并列。广东省和香港、澳门的国民生产总值超过了这些国家。

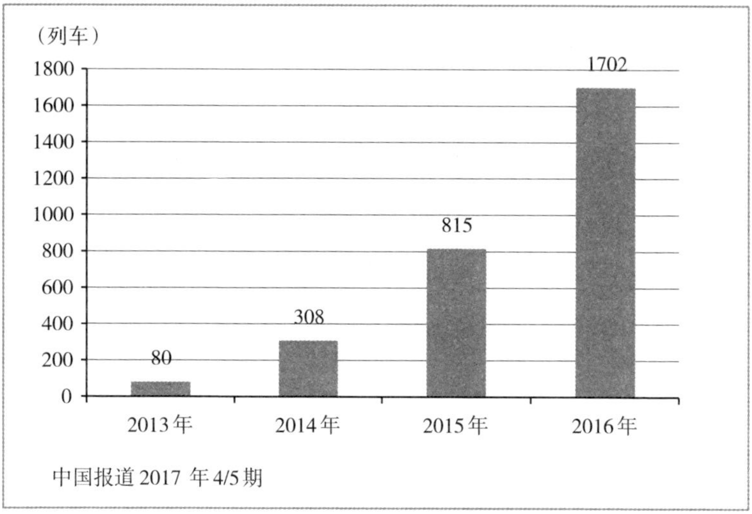

图 12　中欧班列总列车数的变化

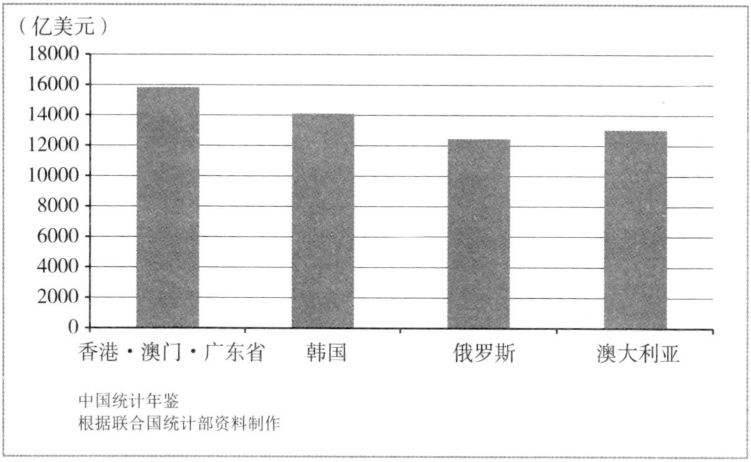

图 13　2016 年香港、澳门、广东省与韩国、俄罗斯、澳大利亚的 GDP 对比

多元化的企业社会

通过市场经济的发展，中国逐渐成为多元化的企业社会。避免经济的快速增长，慢慢降低国有经济的比例，其手法也是非常巧妙的。

2000 年城市从业人员中，国企员工占的比例为 35%，2016 年减少至 14.9%。私营企业的就业人员从 2000 年的 5.48% 增至 2016 年的 29.2%。

对外资采取二免三减，出口免税和认可独资的大胆政策，逐步取消限制，推动开放，也带来了经济的稳定增长。

2000 年外资企业有 203208 家，2016 年增长 505151 家。

汽车领域的开放也巧妙使用了 50% 的投资比例，让内外资双方都有面子推动开放，实现了市场的扩大和国内企业的重组及技术提高，其核心理念还是基于“和合”思想。

外资对就业和出口的贡献非常大。外资带来了世界的信息，转移了技术，通过与外资的竞争，国内企业也获得了发展。而且，外资企业还起到了对“和平主义中国”的宣传作用。

另外，中国对公务员引入了“停薪留职”制度，即保留原有职位，但可独立进行创业。创业成功的人士可辞去工作，离开岗位，而创业失败的人还可以重新回到原来的职场。这些灵活的方式推动了与市场经济的融合。

央企成为“开放中国”的形象，走向世界。私营企业也通过创业，给中国社会带来了更多的活力。个体工商户成为脱离了农业的农户的发展方向，多元化的社会缓解了改革带来的不安和摩擦，为社会的稳定作出了贡献。

私营企业

2017年年末，中国个体工商户和私营企业的总数占所有企业总数的比例为94%。两者加起来的就业人数为3.41亿人。中小企业在国民生产总值中所占的比例非常低，有人据此认为中国的中小企业无法成长。

但是，对经济发展的贡献率是无法用金钱和数量来衡量的。中国成为只要有梦想谁都可以创业的国家，这一点本身就意义重大。私营企业承载了社会的梦想和希望。

比起数字本身，这一点在社会安定与经济发展方面的贡献更大。

笔者在1990年向很多日本企业家推介中国，他们到中国后，都感受到了中国与日本不同的热情与能量。这种热情的体现之一就是“创业的活跃”。

私营企业是各种各样的。家世界连锁商业集团的杜厦董事长在和笔者的对谈中讲道：“私营企业有两种类型。一种是搭上了改革开放的顺风车，与不透明的权力相结合，获得了特别审批权和资源，抓住机会成长起来的企业。这种企业的经营者不是真正的企业家，不过是指望一攫千金，没法经受时间的考验。还有一种是受到过良好的教育，熟知国际经营规则的企业家。他们守诚信、不偷税漏税，能发挥经营才能。这种企业的管理依靠的是现代管理制度，它们代表着中国未来的方向。现在有很多这样的企业。”

这些企业家熟知国际商业规则和礼仪，有很高的品位，通过从海外获得信息、商品、技术、事业、服务和商业模式，为中国的发展作出了很大的贡献。

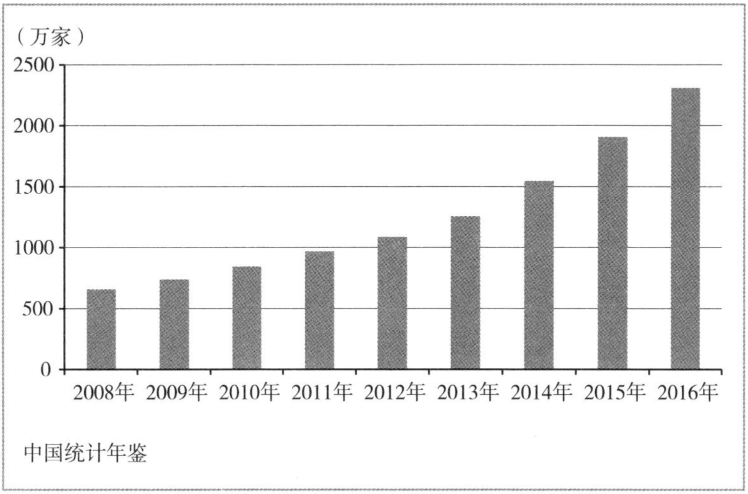

图 14　私营企业数量的变化

第十二节　上海的作用

复苏的魔都

对中国的经济增长作出巨大贡献的城市不止上海。首都北京、率先进行特区试点的深圳、广州及其他城市都发挥了重要作用。但是，特意将上海列为中国经济增长的一个要素，有如下几个理由：

首先是上海的历史。过去，上海是被称为“魔都”的国际大都市，其经济总值占中国经济的1/4。上海作为亚洲城市的代表在世界上也是非常有名的。但是，上海的发展一度非常低迷，经济地位也非常低。之后就开始了“上海开发”，“魔都”也复苏了。上海给世界带来的冲击是非常大的。

上海是象征中国飞跃发展的大城市。

首先是对上海地理位置的定位。上海位于中国母亲河——长江的入海口，以长江为脊梁，以上海为中心的海岸线南北延伸，上海就位于两端的头部。上海也处于向世界宣传中国改革开放成就最合适的位置。这两点是笔者将上海列入中国发展要素的一个原因。

从上海发出的信息马上可以传播到全国。上海时尚风靡全国，上海商业模式也迅速在全国范围内普及。对旧上海的商业街、石库门进行改造后，诞生的新天地对很多城市都带来了重大影响。

上海成为大家憧憬之中的梦幻般的城市。

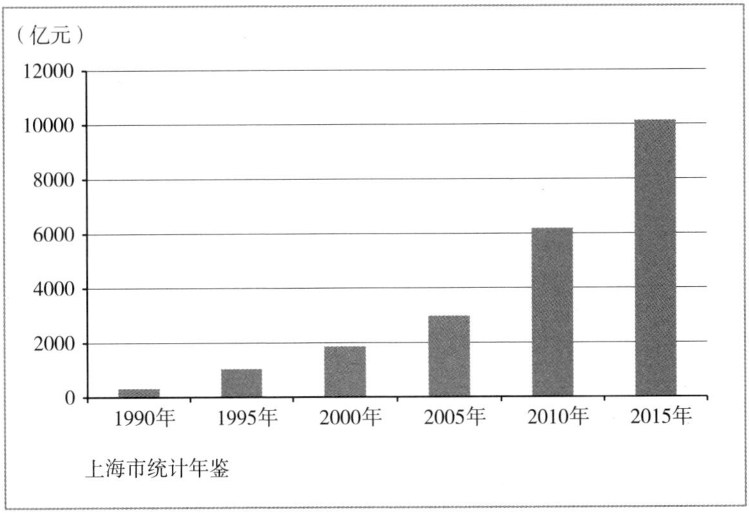

图 15　上海市社会消费品零售总额的变化表

在上海有小南国大酒店。1997 年，笔者为了销售日本的装修材料，曾去小南国的总店拜访其老板——王慧敏董事长。

她总是带着头盔在现场进行指挥。“以后预计每天会有 2000 名客人来酒店里，所以我们会在酒店后面开一个 SPA 场所，希望您能给我们介绍一起做事业的日本公司。”小南国创建于 1986 年，当时只是一家很小的酒店，后来在香港上市，店铺拓展至中国的很多城市，在东京银座也有小南国的分店。小南国的成功给很多中国人带来了梦想，新商业模式下的中餐厅接连出现。

“剧场”式的城市

笔者与中国发生关联始于 1991 年。当时，日本德岛县的一家女性内衣制造工厂爱丽丝要在浦东开发区设立外资投资的第一家店，我作为这家公司的咨询顾问，到中国进行考察。

爱丽丝的佐佐木社长以他卓越的远见，更早一步地预见到了中国的未来，决定到上海投资。

邓小平的南方谈话，东方明珠塔、上海地铁 1 号线、杨浦大桥的建设等开发项目的推进，都让笔者感受到了中国和上海的活力。

上海被形容为“迈向世界的东方巨龙的龙头”。上海人也热情洋溢、充满自信地描述着上海的未来。

作为象征中国未来的城市，上海从 19 世纪开始就作为遥远的东方城市而闻名于世。如果仅仅依靠引进外资，建设道路和地铁，建高楼大厦，是不可能成就上海今天的地位的。上海拥有被称为“魔都”的历史分量，以及在上海居住的人们一代代积累形成的历史底蕴。

外滩的夜景吸引了很多国外游客。而笔者到上海时，能看到如今风景的地方仅限于东方明珠塔上的木桩子。

站在浦东小工厂的屋顶上可以看到远方的地平线，从正在施工中的杨浦大桥的铁架上可以看到开发前的浦东新区的原野。

东方明珠塔在施工完成后，外滩的夜景也开始建设起来，金茂大厦和附近大楼建筑群的夜景也多了起来。随着上海开发的推进，高架道路的完成，浦东机场建起来了，杭州湾建起连接浦东和小洋山、大洋山的芦洋跨海大桥，还有大集装箱的码头。

磁悬浮列车被称为上海开发的骄傲，它以 430 千米 / 小时的时速在飞驰。

去年，笔者在登上上海中心的展望台时，回顾上海这 30 年的变化，感慨颇深。上海的变化就像是在看一个主题公园。上海曾举办过世博会，在笔者看来，上海变化的本身就像是世博会一样。

上海的变化能向世界更好地宣传“中国坚定不移地推进社会主义市场经济的建设”，让世界感受到“中国时代”的到来。

有很多外国人访问上海，在上海感受到开放的热情，这是金钱所不能衡量的。上海是“飞速发展的中国”之象征。

上海的活力

看到上海变化的外国人，感受到的是上海的热情与活力。

外资企业看到了活跃的中国的未来前景，所以决定进行投资，建设工厂。笔者 1992 年制作了向外资企业介绍上海的 4 卷录像带“上海投资战略”。在最前面的部分提到：“不管在哪里进行海外投资都会有风险，但是继续仅在日本做事业将会迎来更大的风险。与其犹豫不决，不如马上行动吧。”

通过这些录像带，笔者向日本企业介绍了“变化中的中国”和“从中国感受到的热情”。

在爱丽丝公司的上海工厂竣工时，当时的上海市市长出席了竣工仪式并致贺词。一间小小的制衣工厂落成，就能迎来上海市市长的到场。笔者从其身上感受到了中国的诚意。

浦东开发开始以后，就有呼声希望在全国建设更多的开发区。

笔者当时参与了烟台经济技术开发区的日资招商活动。开发区的工作人员多次访问日本，虽然每天的日程都非常紧，但是大家都干劲十足，访问日企，呼吁大家到中国去投资。当时访问日本的年轻工作人员，如今都活跃在各个领域。笔者认为，支撑中国发展的另一个要素是，包括领导人和工作人员在内的全体中国人的热情。

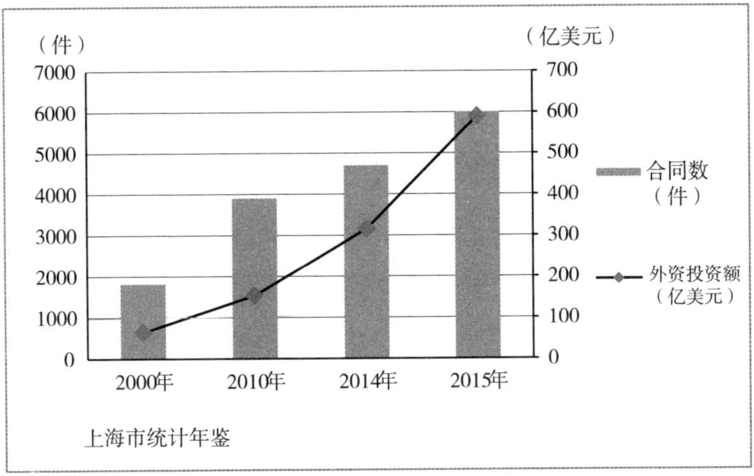

图 16　上海市的外资投资总额和合同数量的变化

第二章

谁在轻视中国的和平主义？

第一节　故意制造对立的信息操控及误解

七大对立因素

在日本，对“中国的和平主义”质疑的人非常多。

所以，这本书在日本将遭遇的批判是可以预见的。

在日本，因为“中国威胁”的舆论诱导，日中两国间的对立被政治利用。这种舆论诱导是右翼政治家、媒体和右翼知识分子和团体有意为之的。

在这本阐述中国为何成长发展的书里，笔者将中国发展原因的基础归结为“中国的和平主义”。笔者认为，中国成长的根本原因的确是在和平主义基础之上进行的经济建设，但为何这个观点在日本会遭受质疑，很多人会有不同意见呢？

若不提及这个根本性的问题，就无法阐明“中国的和平主义”。

因此，本章将会描述日本右翼是如何进行否定中国和平主义的信息操控的，因这一误导形成的“中国威胁论”又是如何被政治利用的？阐明这一点的目的是说明如果没有故意制造紧张和对立的信息操控，中国的和平主义应该能够为国际社会、为日本所理解。同时，我也希望大家能够理解日本的民众是真心希望中日友好的。

这本书也将在日本国内出版。阐明这一点，也希望可以促进日本民众的觉醒。

中国和日本是一衣带水的邻邦，有着很长的交往史。笔者作为日本人中的一分子，也不希望日本民众被右翼的信息操控所欺骗，对中国产生误解，如果这样就是很悲哀的事情了。笔者将对日本民众早日觉醒的希望总结在这一章中。

在日本国内进行的问卷调查中，83% 的日本人对中国的印象不好，笔者认为这一令人震惊的结果是受信息操控的影响，是非常不幸的。受此影响，现在去中国旅游的日本游客在减少。笔者在亲身感受中国雄伟壮阔的自然风景时，为那些因为受到凭空捏造的信息影响，而失去机会来体验如此瑰丽的自然景色的日本人感到可惜。

阐明日中对立的真实情况，也能加深大家对迈向新时代的中国的理解。

为了加深大家的理解，笔者将其总结为以下七个方面，分别是：制造对立的信息操控及误解；对“中国威胁”的政治利用；日本会议和右翼政治家；历史修正主义教育；破坏友好的靖国神社；南海问题上美国的介入；钓鱼岛的对立。最后，对如何回归日中和平友好的理念，构建“真正的友好”关系提出了一些建议。

充斥日本的反华书籍和反华杂志

2010 年前后，日本的杂志和书籍中“反华”特辑突然增多了，言论也越来越激烈。

“在世界上被厌弃的中国”“中国，这个让人讨厌的邻居”“另类的大国——中国”等等，这是充斥日本的反华书籍中的部分标题。

“爆发的中国”“尚不为人知的中国的风险”“中国终结”“为中国泡沫经济的破灭做准备吧”“堕落的中国”，这是 2010 年前后有关中国的杂志的标题。

在日本还原中国的真实情况，并客观进行评价的书籍，其发行量非常有限，在书店也不太能看得到。

因此，善意地看待中国的书销售状况不太好，书店也不会上架这些书籍。

“反华书籍”的一个共同点是宣扬中国“都是权力斗争”“贫富差距”“持续宣扬中国瓦解”“夸张看待部分问题”“将主观感受假装成事实”“对中国情况的无知”“仅凭理论臆测”“低俗的讽刺”等内容。如果用污秽的言语来谩骂中国，杂志的销量会更好，相关报道过激地脱离事实。

“反华书籍”中，仇恨言论（多指用一些憎恶的语言表达，煽动对特定人种、民族、宗教进行歧视的言论）是一个共同点。反华书籍的作者大多数是安倍政权的支持者，而且安倍首相本身也和出版反华书籍的出版社有很深的渊源，其背后有不为人知的黑幕。

反华书籍的出版及反华媒体的报道使日本形成了“对中国印象不好”的言论氛围，吊诡的是，反华书籍泛滥的时期恰与安倍首相失意的时期即第一次安倍政权解散期，以及第二次安倍政权成立后关于集体自卫权等安保法改革的时间相重叠。

谎言带来的混乱

日本右翼媒体和知识分子频繁地宣传中国农民的贫困、虚假的农村暴动消息以及有意歪曲的信息，给人感觉中国似乎马上就要动乱了。

但是，实际的中国却是经济繁荣，社会稳定。媒体的报道和这些观察人士的言论与中国的现实情况相去甚远。

支持安倍首相，并推动日本修宪的右翼评论家樱井良子在其著作中声称“中国农民是现代的奴隶”，她的著作里有很多其他谎言和夸张之处。笔者在自己的著作里也指出过这一点。

2004 年在中国重庆的万州区，因为白天集市上发生了打架斗殴，很多人包围了区政府大楼，当时的现场照片也登载在日本的报纸上。

在日本一直散布有关中国虚假消息的评论家就引用这张配图，在杂志上报道说因为要建设大坝，被强制搬迁的 5 万农民对政府不满，包围了区政府大楼。

在没有公交车，也没有地铁的中国广大农村地区，想要在一天之内集结 5 万人到城里是完全不可能的。当笔者将报纸上刊登的照片用放大镜进行查看，发现里面还拍下了抱着小孩看热闹的人。

故意制造“霸权国家”的舆论

在日本，有人认为中国正在不断进行对外扩张的政策，是一种“霸权主义”。但其实，支撑中国对外发展的是“和平主义”。

对中国进行“霸权主义”的批判是因为受到舆论的诱导，还有情感上的抵触。日本经济停滞不前，过去的辉煌已经褪色，而中国却以日出之势向海外发展，日本对中国的嫉妒也助长了“中国是霸权主义”的看法。

从维基百科的词条来看，霸权国家指的是美国和中国，但是对美国加了这样的注释：美国会被反美派指责是霸权国家，但对中国，却没有这样的限定。

维基百科的这一表述，其实完全是信息的误导。

台湾问题、西藏维稳、新疆反恐都是中国的内政问题，不适用于“与他国之间”这一表达，是中国的国内安全问题。

南沙群岛问题和钓鱼岛问题会在这一章的后一部分进行阐述，它们不属于霸权问题，而是相关国家之间存在的领土争议问题，中国有中国自己的主张。

如果只是片面地从对立方的角度来看问题，仅凭个人印象就指责中国是霸权主义国家，这样是不对的。

在日本，有人在书中这样分析：“中国为了防止国家分裂和政权瓦解的风险，必须向民众展示‘和日本之间的纷争’。”这个人曾长期在美国生活，做过记者，是在日本宣传美国的保守派。

也有人认为“中国人正在全世界收购资源和土地”，所以说中国是霸权主义国家。

美国和日本都曾在世界范围内购买土地、房屋，但中国做同样的事情，就会被指责为霸权主义。

日本 2012 年一次能源的自给率为 6%，2013 年粮食的自给率从卡路里来看是 39%，而从重量比看，中国的粮食自给率超过了 90%。

如果中国人在日本买地的话，就有谣言称“整个日本都会被中国买下来”。

谣言的出处主要是右翼知识分子和右翼的媒体，加上谣言在网上的传播，就充斥了整个网络，使普通人也会这样认为。

对霸权主义的反驳

维基百科上对霸权主义的定义是“仅仅考虑本国的实际利益，以此来决定与他国的交往方式，对敌对国家发动侵略战争或进行先发制人攻击，试图扩大其领土，保障本国安全；向同盟国及敌对国家的反对势力提供军事、经济上的合作”。

国与国的关系依靠实际利益进行结盟是理所当然的。特朗普总统的发言和行为，其实也仅仅是考虑美国的实际利益。TPP 和贸易协定也是靠调整各方面的实际利益关系得以推动。中国并未进行过对外侵略和先发制人的打击，与维基百科所描述的行为相去甚远。

南海问题、钓鱼岛问题的导火线也在美国和日本右翼。对此，笔者将在后文进行阐述。

“中国是霸权主义国家”这一说法其实是信息误导，中国可以对这一指责进行反驳。

首先，南海问题是美军介入才造成的。南海局势的紧张是美国制造的。美军为何要在中国的专属经济海域持续派出潜艇侦察呢？

如果中国也在美国的海域做同样的事情，美国会如何反应？

如果中国被指责在钓鱼岛问题上带来威胁，那么只需拿出当年周恩来与田中角荣的约定即可驳斥。指责中国在全球购买资源，只需回答日本当年亦是如此即可。

事实上，中国并没有对外侵略过，而是在近现代史上屡受侵略的受害国。

信息操控的背景

为何会存在将中国视为“威胁”和“霸权主义”的信息操控呢？中国的和平主义为何会遭受质疑？

这是因为，如果承认中国在贯彻和平主义的话，会让很多人尴尬。

首先，美军及相关的军工产业会处境尴尬。在美国，仅2018年头两个月时间全国范围内就发生了超过20起校园枪击事件，这是美国社会的黑暗面。每年都有很多年轻人被卷入枪击案，失去生命。但若要对这一问题采取措施，则会遭遇强烈反弹。

无法进行枪支管制的原因在于来自武器生产商的压力，枪支生产受到相关保护。

全美枪支协会每年向政府提供高额的政治献金，年轻人的生命被用来与这部分资金进行了交换。

尚未解决本国枪支犯罪的国家声称要维护全世界的和平，不过是自欺欺人罢了。

无法解决个人枪支问题的国家在裁减军备方面也不可能有进展。若要对朝鲜施加压力，美国应该将裁减军备摆到台面上。做不到这一点，却对其他国家施加压力，不过是美国的傲慢与欺骗而已。

除美国外，对中国的和平主义进行刁难的还有日本的右翼政客、右翼媒体和右翼知识分子。

如果承认中国推行的是和平主义，那么他们的存在就会受到威胁，他们的身份就会陷入危机。倘若存在与中国关系紧张和对立这一前提，修宪就能往下推进。而如果普通民众也认识到中国的和平主义，那么再往下推进修宪就会变得非常困难，从而也无法将自卫队变为国防军。美国保守派及日本的右翼分子希望永远将世界分为西方和东方两个阵营，如此一来就可以继续维持庞大的军队、军工业、日美安保条约以及冲绳美军基地。

因此，他们就制造了“中国威胁论”。

安倍首相在推动修改日本的安保法时，向国民发出的呼吁是：“面对来自中国的威胁，我们能袖手旁观吗？”

对中国信息的误解

右翼媒体和知识分子故意散播虚假信息带来的问题非常大。但是在日本，即便不是出于恶意，让民众对中国产生误解的信息也非常多。

激进的反华书籍、反华杂志的订购者是有限的。对激进反华反感的日本人也不是少数。报纸也报道过日本反华书籍的问题。但这些造成误解的信息已成功渗透到普通民众心里，成为一个大问题。

产生误解的原因之一是媒体的相关报道，“对中国印象不好的日本人占 83%”这一负面舆论信息在更广范围内传播，从而进一步加深了误会。

常驻中国的日本记者，有人感叹，即使写了正面评价中国的报道发回总部，在进行编辑时也会被总部删掉。

此外，关于中国社会和中国经济的负面信息也非常多。日本媒体认为，关于中国的报道只要提到“贫富差距、经济泡沫、农民问题、权力斗争、腐败、独裁和霸权”，就会受到读者的欢迎。这些词语也已成为电视台主持人和新闻评论员的常用套话。他们随口说的话可能会加深大家对中国的偏见。

2008 年秋，世界经济不景气时，日本曾报道“因失业而走投无路的 3000 万中国农民工”。

在出现“农民工走投无路”报道的时候，笔者认为中国今后一定会出现农民工用工荒的局面，因此与中国内地的职业学校合作，开始为相关合作工厂招募农民工。

之后，确实出现了用各种手段、各种途径争夺农民工的情况。

据 CNN 报道，在台湾企业富士康工作的农民工就像奴隶一样，安倍首相在美国国会中也提到了中国严酷的工作环境。

深圳的富士康曾雇用了几十万人。与笔者合作的工厂，如何在工资水平接近富士康的标准成为大家努力的课题。

曾有从富士康离职的员工来参加面试，笔者问："在富士康的工作中有什么是比较残酷而不能忍受的？"她的回答是："在车间操作时忘记穿戴防静电的装备，虽被提醒过，但同样的错误犯过三次后，就必须离职。"

想当然的贫富差距扩大

日本对中国贫富差距的报道也存在偏见和误解。

世界上不存在没有贫富差距的国家。美国的贫富差距比中国还要严重。中国正在逐渐缩小贫富差距，但日本的贫富差距却越来越大，这个问题比中国还要严重。

但不知为何中国被称为"贫富差距巨大的国家"。因为有关中国的报道是带有偏见的，所以读者若不能冷静阅读这些信息，就很难识别出其中的偏见。

由于信息的夸大，有日本人就质疑为什么在社会主义国家会存在如此大的贫富差距。于是他们认为中国是个很糟糕的国家。

日本的报道方式也有问题。2008 年世界金融危机时，NHK 电视台报道了因买不起车票，从而在春节无法回家，徘徊在车站走投无路的农民工。在中国城市里工作的农民工有将近 2 亿人，其中确有无法回家的人，但这并不是普遍情况。日本的电视台可能有一种想把问题扩大化的报道欲望。

笔者在日本会讲如下内容："如今在中国开奔驰、宝马的人，30 年前同样也是骑自行车上班的。经济快速发展的国家与停滞的国家之间的差距是显而易见的。"

中国并不是一个贫富差距日益固化的社会，而是正朝着共同富裕的目标迈进。日本媒体不会报道中国社会的真实情况。

日本媒体指责中国的贫富差距，依据的是城市和农村的收入差距，即农村家庭的平均收入与城市家庭平均可分配收入的比例，2010 年前后这个比例扩大至 30%。

但是，在统计数据中，农民工的收入被计入城市收入，而非农村收入。

在日本，城市和农村没有太大的收入差距，因为农村的收入常常包括工资收入等兼职收入。

很多农民工都会将一部分工资寄给在老家的父母，但这部分钱并没有包括在农村收入内。在日本，媒体会将误读的统计数据报道出去，使日本民众也以为中国社会的贫富差距越来越大。

偏颇的正义感

《华尔街日报》报道称“中国的统计数据在失业率上含糊其词，未将农民工计入失业人口”。笔者以“不知道农民工实际状态和中国失业统计实情的胡言乱语”为题，撰写专栏反驳了这种言论。

关于失业率的统计，世界各国的标准也非常模糊，没有标准化。因此，将失业率进行国际比较没有任何实际意义。失业率和社会保障都受统计方式的影响，和其他国家是无法进行比较的。

中国统计的失业率并没有将农民工统计在内。如果将农民工也统计进去的话，那么与上述批评相反，中国的失业率会下降到非常低的水平。

农民工的失业大多是自主选择的结果。笔者亲自参与过中国工厂的招聘和人员管理，就当时的经验来看，可以证实这一点。

因为一点点的工资差额和夜班补贴的区别，辞职到隔壁工厂做工的人很多。而且，他们原本是农民，即使工厂倒闭了，也可以暂时回到家乡务农。

中国统计的失业率是登记失业率，领失业保险需要进行登记。没有登记的话，就不能被认为是失业人员。但农民工基本没有人会去做失业登记。

其中既有保险金额的问题，也有手续繁杂的问题。用去办理失业保险的时间，找一份新工作会更快。

将农民工统计进来也没有意义，所以在中国的失业统计中没有这部分数据。如果将近两亿的农民工计入分母的话，中国的失业率毫无疑问会下降。

笔者认为，记者若没有进行充分调查就断定“农民工很悲惨”“中国在统计上很含糊”，用一种带有偏见的正义感去写报道，就会产生误读。这是在日本和美国的有关中国的报道中经常能看到的问题。

日本的统计也是将失业率做模糊处理。日本的统计数据中，只要在调查当月的月末一周内工作了一个小时，就不算作失业。在日本职场上，有很多非正式工作的临时工和打短工的人。此外，支撑日本战后经济发展的人口生育高峰期的那一代人，已经到了退休的年纪，劳动人口减少了。失业率计算公式中的分母变少了，再加上临时工和打短工的人数在增加，因此日本的失业率就变低了。

第二节　对“中国威胁”的政治利用

安倍首相参与录制的右翼视频媒体

日本右翼政客和右翼知识分子的活动是有组织性的，他们以经济界、宗教界、媒体、教育和保守团体为据点出版发行反华书籍和反华杂志。

2014 年冲绳“反华游行示威”持续不断，“中国共产党在冲绳开展活动”“钓鱼岛已被盗取，下一个就是冲绳岛”等谣言满天飞。

日本右翼会伪装成中国共产党的盟友进行有关的街头宣传活动。“我们是中国的情报机构，会让冲绳独立。我认为不仅仅钓鱼岛，连整个冲绳都是我们的。我是中国共产党之友协会。”右翼为何把自己伪装成“共产党之友”呢？美国国防部的报纸 *STARS AND STRIES* 采访了右翼活动家。在采访中，对方提到“我们也要在策划上下功夫，有创新，要不然大家会感到厌倦”。这种幼稚愚蠢的伪装，却有很多日本人相信，谣言就如事实一样在全国范围内传播开。而且日本公安调查厅和警察也对这些伪装的街头宣传放任不管，不加以取缔，这也成为日本的黑暗与问题。

当时，冲绳的狂热宗教团体“幸福科学”等以“冲绳将会成为中国的附属国”为幌子，发动了猛烈的反华活动。具体情况被东京的视频发布公司“日本文化频道樱花”大肆报道。该公司是播放类似“中国有间接侵略日本的事实”反华节目的右翼媒体，提倡“大东亚圣战祭”“感谢英灵，同去靖国神社参拜”等等。

安倍首相 2009 年有一次，2012 年有两次在该视频公司的节目中出演，分析日本大众媒体的问题，阐述自己想改革媒体的想法。

对美军的战争协助法案

安倍首相将“来自中国的威胁”巧妙用于民众支持自己的政府、行使集体自卫权，故意煽动来自中国的威胁，假装事态严重，企图推动安保法案的通过。

安倍首相在 2013 年 4 月参议院预算委员会上，被问及如何看待承认侵华、向中国谢罪的“村山谈话”，他如此回答道：“‘侵略’在学术及在国际上都没有固定的定义，这取决于在国与国的关系中从哪一方的角度来看。”安倍首相真正想说的应该是“从日本的角度来看，日本没有侵略中国”吧。

2012 年在防卫大学的毕业典礼上，安倍首相讲道：“我国的领土、领海、领空持续被挑衅，这是诸位接下来要赴任的地方正在发生的严峻事实，也是那里如今面临的危机。”

此外，在 2015 年 5 月安保相关法案内阁决议的记者会上，安倍首相又讲道：“因为中国的崛起，现在情况有了变化。日本必须拓展自卫队的活动范围，维持与美国的合作才能生存下去。”其又用中国做幌子企图通过对美国进行战时支援的法案。

笔者想问安倍首相在讲这番话之前，自己在与中国开展对话、建立友好关系方面付出了多少努力？我在后文中将会提到，为了“恢复中日邦交”、“缔结中日和平友好条约”及开展后续的中日交流，中日两国历代的政治家持续不断地付出了多少努力。

关于中国崛起的渲染和利用

通过渲染“由于中国崛起，情况发生了变化”，日本开始推进军备扩张。

2018 年日本的国防预算是 51911 亿日元，比上一年增长 660 亿日元，连续 4 年刷新纪录。日本的国防费用在安倍政府上台后，每年都在增长。

2016年美国的国防费用是6112亿美元，中国为2152亿美元，日本是461亿美元，美国是中国的约2.8倍。而且，美国还有过去的军备累积。目前，美国共有11艘航空母舰，如果从累积来看，中国和美国军备的差距还会更大。

日本的国防费用看上去低，但因为在日本有美军的基地，日本政府每年都要负担高额的维护费。

从中国的角度来看，作为美军盟友的日本在扩张军备也是一种威胁吧。国防费用的问题，因立场不同，看到的情况也会有所不同。

中国与日本的人口数量、国土面积都不相同。中国国土面积更广阔，国防费用也相应会增加。一个国家的国防费用是多还是少，不能仅凭总额去看，也要考虑到GDP和人口数量。2016年人均国防费用美国是1866美元，日本是365美元，中国是156美元。从人均值来看，中国并没有崛起。

但是，日本的军备扩张、强化日美军事同盟、购买美国武器装备正在推进中。

日本一直在从美国购买武器装备，包括“陆基宙斯盾”、“鱼鹰”运输机、全球鹰无人侦察机，在这些军备购买的背后，似乎存在令人怀疑的秘密。

现在，日本国会正在讨论修改劳动法，安倍首相企图使用捏造的材料来通过该法案，其中包括有关中国崛起的内容。

日本的防卫白皮书中有“中国的国防开支从1988年至今28年间增长了约44倍”这样的表述和相关图表。但是1988年中国的GDP仅为15180亿元，仅占2015年的2.2%。“与当时的国防开支相比，如今增长了44倍”，这样的描述是企图让日本民众目光聚焦“中国崛起”而故意偷换概念，这就形同宋国狙公的“朝三暮四”的伎俩和欺诈。而且与此同时，日本的军备仍在扩张中。

安倍首相撰写的反华书籍

2017年10月，日本举行了众议院选举。在选举进行得如火如荼之时，《日本，骄傲地绽放吧》这本书出版了。出版社为WAC出版，作者是安倍晋三、百田尚树。百田尚树是支持安倍首相的右翼作家。

WAC是一家发行反华书籍的右翼出版社，一些言辞很激烈的反华杂志和书籍，比如民族主义杂志*WILL*、《麻烦的国家——中国》就是由这家出版社出版的。

该出版社出版的《中国·中国人的品性》（宫崎正弘、河添惠子著）一书中写道：“中国是没有教养、揣度、恻隐之心、羞耻心、反省等词的国家。”宫崎本人也多次说“中国的瓦解”，是一直散播“虚假的中国信息”的人。

《日本，骄傲地绽放吧》一书里这样写道：

“中国执着地进入日本领海进行恐吓、朝鲜多次发射导弹并进行核试验、韩国和中国有意建构的日本战争史，如不能克服这些困难，可以说日本将没有未来。

“民众是否有保卫本国不被中国侵略的想法，将在今年秋天的众议院选举中变得清晰明了。”

安倍首相在这本书中还说：“在第一次安倍内阁时期，自己作为时任首相，未能参拜靖国神社深感痛悔。向为了国家牺牲宝贵生命的英灵进行参拜，却要遭受邻国的指责，这在道理上是说不通的。”

此外，这本书还提到了日本历史教科书的问题，它是这样写的：

“看了日本学校里使用的社会和历史教科书，感到非常担忧，对中国和韩国主张的伪造历史‘南京大屠杀 30 万人’‘强征从军慰安妇’等内容被堂而皇之地写在了教科书里，还记载了日本人曾对周边邻国做过极其残暴的事情。‘南京大屠杀 30 万人’‘强征朝鲜女性’是没有任何证据的伪造历史。”

这本书出版在 2017 年 10 月 11 日选举之前。通过渲染“中国威胁”，将民众的不安变成对自己的选票这一意图非常明显。《日本，骄傲地绽放吧》一书将南京大屠杀和强征慰安妇视为伪造的历史，这不应该是一国首相出版的书。这本书的出版，可以确定安倍首相完全没有推进对华友好，促进亚洲和平

议期间，NHK 也几乎不再播放政治新闻。冬奥会期间，国会因劳动法修改中被篡改的数据遭受质疑，但 NHK 将这一问题的播放时间压缩到非常短，使民众的注意力聚焦在奥运会上。

因批判政府而被迫辞职的主持人在其他地方也找不到继续播新闻的机会，不知是否因为当局对民营电视台施加了压力。

另一方面，在有关中国的报道上会有批判性言论。NHK 记者曾这样问中国外交部长王毅：

“很多日本民众认为中国希望利用历史问题来抹杀日本对世界和平作出的贡献。”

这种问题是很不可思议的。中国是希望日本对过去的侵略历史进行反省和谢罪，这跟日本对世界和平做的贡献没有关系。

但是，这个记者却想办法强行将中国置于日本的对立面，还用很多民众的口吻提出这种戴着有色眼镜的问题。

提这样的问题，恰恰说明不了解日本侵略历史的年轻人，会认为中国一直在以历史问题为理由来打压日本。

甚至连了解日本教科书问题、右翼政客和右翼知识分子反华活动真实情况的记者也会提这样的问题。对这个问题，王毅部长回答道：

“加害者越不忘加害于人的责任，受害者才越有可能平复曾经受到的伤害。这句话既是人与人之间的交往之道，也是对待历史问题的正确态度。70 年前，日本输掉了战争，70 年后日本不应再输掉良知。是继续背着历史包袱不放，还是与过去一刀两断，最终要由日本自己来选择。”诚哉斯言！

为何安倍政府能持续下去

安倍政府能一直不下台，并非因为受到了日本国民的多数支持。

在 2017 年的总选举中，东京都“反对安倍”的票数超过了支持的票数。

选举投票率仅有 53.7%，由于在野党分散成多个政党，因此拥有一定支持率的自民党就胜出了。但是，自民党在具有选举权的总人数中的得票率为 21.9%。长期执政的自民党拥有对各个团体的影响力，能够征集到一定的票数，在选举中占优势。

此外，日本年轻人中有保守思想的人增加了，他们也投票给了自民党。了解战争恐怖的人“反安倍”，不知战争恐怖的人则支持安倍。

随着占劳动人口大多数的一代人退休，劳动力不足的问题越来越严重，年轻人在找工作上没有吃太多苦，“待得太安逸、太舒适”是年轻人趋保守化的原因。

在此基础上，“中国威胁论”常常被拿出来做宣传。尽管有反华思想的保守派只是少数，他们也会出于“保卫日本”的想法去进行选举的投票。因此，即使只有 21.9% 的选票，安倍政府还是可以维持下去的。

安倍首相不仅在政治上制造“中国威胁论”，在经济上也进行了同样的操作。

他利用日本银行和年金投资基金操控股价，让国民产生期待，还多次用一些吸人眼球的标语给大家带来期待感，如通过罗列通俗易懂的四字短语吸引有选举权的人群。虽然实体经济并没有好转，但是股价上涨和动听的宣传口号，让人们只希望能吃上美味的食物，每天过得很开心，只要现在好就行了，这部分人的选票会投给安倍。安倍首相通过成功制造“中国威胁论”和“经济泡沫”的舆论，维持住了政权。

在安倍政府下，不推进中日友好更好

安倍首相改善中日关系的态度是出于“算计”的结果。他先炮制了虚假的“中国威胁论”，继而又渲染“朝鲜的现实威胁”。

于是，安倍改变了威胁论的主体。朝鲜的威胁是发射核导弹，是显而易见的威胁，对民众更有说服力。因此，安倍成功地更换了威胁论的主体。

在日本经济方面，改革派推进的大规模金融宽松政策也走到了尽头，其风险正在显现出来。国民收入和消费没有增长，

设定的物价上涨2%的目标也难以实现，实体经济尚看不到好转的迹象。

仅仅依靠增加非正式劳动人口及由劳动人口减少实现的表面就业改善、股价上升是无法一直欺骗民众的。通过日元贬值增加出口，也因为美元的贬值，其前景变得不太明朗。世界各国的利率都在上升，日本却进行反常的低利率操作，国债暴跌的风险也开始显现出来。

这样的状态持续下去，民众的不满将会转到经济上来。紧接着，依靠盟友和支持者提供的便利得以维持的政治也会受到批判。于是，安倍将经济问题提上议程，以期先获得民众的支持，然后再进行修宪。而想要改善经济，则改善对华关系变得至为重要。于是，在炮制了“中国威胁论”之后，安倍政府的这一“算计”又被提上日程。

日本政府开始寻求改善对华关系。

但是，这种带有目的性的打算，对中国而言应该是很麻烦的吧。

一个曾经出版书籍，攻击中国篡改历史的人，这时却来寻求改善对华关系，这种行为在笔者看来是一种“人格分裂”和“欺骗”。

中日友好应该是以首脑间的彼此信赖为前提的吧。致力于“中日邦交恢复”、签订“中日和平友好条约”的日本政治家也是凭着这样的信念一直在往前推动的。

但是，安倍首相却没有这样的想法。如果有这样的想法，就写不出肆意篡改、否认历史的书，更不会仅凭“算计”来考虑两国友好。

因此，与这样的首相改善关系，推动首脑交流也是没有意义的。更确切地说，这是在侮辱中国，是对中国极其失礼的行为。

如今执政的自民党政府里也应该有衷心希望中日友好的政治家。

能够理解中日和平友好条约理念的政治家也应该有吧。笔者希望中国政府能够和那样的政治家进行真心坦率的交流。

第三节　日本会议和右翼政客

对和平友好的努力和妨碍

1978年，中日两国在胡耀邦时期签订了《中日和平友好条约》。在和平与条约之间加入“友好”二字。条约是一种约束性文书，但是，历史证明“和平”仅凭纸面的约束是无法实现的，和平是以“友好”为前提的。

在日本有很多不承认侵略历史的右翼政客。过去，他们曾做过破坏中日和平友好条约的事。

关于和平友好条约的谈判，在条约文书第七项的“霸权条款”中，存在争论。

中国方面明确提出“中日两国不谋求霸权，也反对任何国家追求霸权”，但日本方面出于考虑和美国及苏联的关系，对“反霸权主义”条款采取了慎重的态度。自民党的亚洲问题研究会和青兰会的右翼议员反对缔结该条约。自民党总务会还召开会议，企图“确立钓鱼岛的实际控制权”，利用钓鱼岛问题制造对立。

他们预计到了中国会反对，派人员建设直升机场、避难港、气象观测站，并派出开发调查团到岛上去。一直到后来，他们都在宣称“恢复邦交是政府单方面推动的，迄今为止我们仍然表示反对”。

虽然存在这些方面的波折，但经过拥有信念的中日政治家的努力，《中日和平友好条约》得以缔结。

由友好转为紧张

《中日和平友好条约》的理念，尽管有过波折，但在这 30 年间还是延续下来了。1998 年江泽民主席访问日本，两国发表了《关于建立致力于和平与发展的友好合作伙伴关系的联合宣言》。2007 年温家宝总理访日，与日方就构筑“战略互惠关系”达成共识。之后，中日两国高层的经济对话一直在持续，两国在能源和环境方面的合作，以及东海资源共同开发上也达成了共识。

2007 年 8 月，中国国防部部长曹刚川访日，举行了中日防长会谈。11 月中国海军驱逐舰“深圳号”对日本进行了友好访问。2007 年 12 月，福田首相访问中国，与胡锦涛主席、吴邦国委员长、温家宝总理举行了会谈，此行被称为“迎春之旅”。胡锦涛主席 2008 年 5 月访问日本，签署了《中日关于全面推进战略互惠关系的联合声明》。

联合声明称中日“两国对重大地区和世界的和平稳定与发展有着重要影响，肩负着庄严责任”。中日两国要在此基础上共同推进亚洲的和平、繁荣、安定和开放的实现。

根据联合声明的精神，2009 年 3 月中日举行了安全保障对话，11 月中国海军训练舰“郑和号”对日本进行了友好访问，国防部长梁光烈也访问了日本。

鸠山首相继承了“中日友好”的理念，他在与胡锦涛主席举行的首次首脑会谈中提出“基于友爱的精神推进亚洲外交，构筑信赖关系，从长期来看，构筑亚洲共同体是很重要的”。鸠山首相说希望将东海建成“友爱之海”。

经过“破冰之旅”“融冰之旅”“迎春之旅”，然后朝向“友爱”“亚洲共同体”发展的中日关系为何会出现裂痕呢?

这背后是由于日本右翼进行的暗中操作和“制造的对立”。中日友好的局面被企图破坏中日友好的右翼分子所摇动。

鸠山首相提出“友爱”是在 2010 年长期执政的自民党政权倒台后，提倡自由主义的民主党政府时期。右翼分子感到了危机，通过各种各样的行动来破坏“友好”“友爱”。

同时，该时期也是安倍第一次组阁时，他因为健康问题，进展不如意而下台。这也是前文中提到的反华书籍、反华杂志充斥市场的时期。为了让具有很强右翼色彩的安倍政府复活，右翼分子制造了“中日对立”的舆论环境。造成两国对立的导火线就是后文中将提到的“钓鱼岛”问题。

制造中日对立的右翼组织“日本会议”

在安倍的支持者中，有很多人会给日本的右翼杂志投稿，其中用毫无根据的反华书籍煽动“中国威胁论”的评论家樱井良子就是右翼杂志的长期撰稿人。她还是右翼组织“日本会议”运营的“创建美丽日本的宪法国民会”的代表委员，与安倍共同推动宪法第 9 条的修改。

故意歪曲中国的和平主义，煽动中日对立，散播谣言的元凶之一就是“日本会议”这个组织。

“日本会议”这个组织是由为元号法制化[①]而成立的“保护日本国民的国民会议”与神道、佛教等宗教界设立的“保护日本会”整合后形成的团体。

“保护日本国民的国民会议”是一个主张恢复明治宪法，具有很强国粹主义思想的团体。在“日本会议”的事务运营方面，具有国粹主义思想的宗教团体有很深的参与。

该组织 2014 年的代表委员是右翼政客、前东京都知事石原慎太郎，首相安倍担任该组织的顾问。“日本会议”组织是

---

① 日本的年号法制化。——译者注

一个主张修改宪法、进行爱国教育，摆脱自虐史观，加强军备建设，提倡解禁集体自卫权的另类团体。

2017 年首相安倍涉嫌将国有财产低价转让给某私人幼儿园这一曾引发广泛关注的事件，其中当事人之一该幼儿园的理事长也活跃于日本会议这一组织之中。

“日本会议”组织与将战犯当神来祭祀的靖国神社有着很深的联系。

靖国神社在其官网上这样写：“将为了国家这个共同体作出巨大贡献的死者之亡灵作为区域、社会和国家的守护神来加以重视。”点击这段话的参考文献，会跳出“神道政治联盟国会议员恳谈会（神政联）”的网络新闻。“神政联”集聚了约 300 名国会议员，其中否认对华侵略历史的议员很多。这些议员大多与“日本会议国会议员恳谈会”的议员是同一批人。

由“日本会议”和“英灵回答会”共同策划制作的“否认侵略，追寻被东京审判歪曲的历史真相”视频在靖国神社里播放。右翼组织“日本会议”积极推动首相公开参拜靖国神社。每年 8 月 15 日也即战争结束纪念日当天，他们在靖国神社举办战殁者追悼集会。

2013 年集会的声明中提到“中国正在进行异常的军事扩张，向亚洲诸国施加强压，这是明显的霸权主义行为”。该集会是制造中日对立的团体，既不是追悼战殁者的集会，也不是慰藉英灵的集会，而是政治集会。

宣扬“中国威胁”的学习会

“日本会议国会议员恳谈会”中关于中国问题的学习会也充斥着“中国对我国进行间接侵略”“如果台湾落到中国手中，接下来就会是钓鱼岛、冲绳和日本”等煽动中国威胁的内容。

有一次学习会上，讲师提到“在日本的中国人的犯罪率是日本人平均的4.05倍，这是很严重的问题”。笔者对此感到有疑问，就进行了调查，发现并非事实。从日本政府公布的数据来看，在日中国人的犯罪率其实比日本人的平均值要低。

由右翼国会议员组织煽动“中国威胁”的学习会，这本身就有很大的问题，但这一事实在日本却并没有被公开。

“日本会议”的相关人员及右翼杂志 *WILL* 的执笔者和“要求遵守播放法观众会”这一团体的支持者，有很多都是同一批人。“要求遵守播放法观众会”是向批评安倍政府的电视报道施加压力的团体。在压力之下，据说批评安倍政府的电视节目已经被迫停播了。

名义上虽然称为“观众会”，实体上却是“右翼会”。

第四节 历史修正主义教育

右倾化的日本

现今的日本，引导社会右倾化的活动正在推动之中。执政的自民党政权其价值观原本是不偏不倚的“中道”，但是“保守中道”没有存在感，于是就都成为首相安倍的金太郎糖[①]似的集团。

即使有批判精神的人，但在权力控制下，这种批判精神会被打压。日本经常批判中国的权力斗争，但是日本的政治甚至连权力斗争都不会发生了。大家一致右倾，并朝着右倾的方向越走越远。

政治的右倾化造成了社会的右倾化。学校教育也开始出现这方面的趋势。

右翼政客和知识分子，他们的共同特点是“思维的单调性”。

---

① 同一张脸谱，没有个性。——译者注

仅关注一些对自己有利的信息，“逻辑上跳跃”和“牵强”。

因为缺乏条理性思考问题的能力，仅凭简单逻辑思考问题，末梢神经的反应就是“讨厌”“恐惧”“垃圾”等情绪。

但是，因为他们思维简单，所以发言也简短明快。这正好迎合了未深入思考问题、“享受当下”的年轻人、中年大叔、中年阿姨们的需求，受到他们的欢迎。安倍首相提出的口号正说明了这一点。即使没有实际内容的宣传性标语也能让大家产生共鸣、点赞。

如果有中国人在北海道购买别墅，就会宣传“北海道被中国买走占领了”，“让出钓鱼岛后，接下来冲绳岛和整个日本都会被占领”……如此大声呼吁的话，人们就会认为的确如此，进而产生共鸣。在网络上，“网络右翼”们聚起来纷纷点赞，弥漫着末梢神经的“讨厌”“恐惧”“垃圾”等情绪。

在冲绳、那霸市的公园里虽然建了孔庙，但是有人在网上发布“在公共地方建设间谍的巢穴”“通过孔庙的建设，那霸也要变成中华街了”之类的言论。

日本和儒教的关系源远流长，德川幕府掌握政权的江户时代时期，儒学是学问的核心。治理地方的各藩大多建立了孔子庙。在美国华盛顿的最高法院建筑里也有孔子像。没有见识的、单纯在网上宣泄情绪使日本逐渐越来越右倾。右倾化支撑了安倍政府的存在，这个政府正是被这些头脑简单的人所支配着。

学校里不教的历史真相

日本的学校教育里，无论是年轻人还是中老年一代都没有接受过良好的历史教育。虽然教科书中包含“侵略和南京大屠杀”，但由于右翼的压力，课堂上关于战争的历史都会被跳过。近代史的学习往往也是在学年快结束时才会被匆匆提及，一略而过。

因此，很多年轻人并不知道日本曾经对中国做过什么。很多学生甚至连“南京大屠杀”这个词都不知道。

而中年人一代，即使跟他们讲“美军在对东京、大阪进行无差别轰炸前，日本在中国也做过同样的事情”，很多人也完全不了解这一事实。

当跟他们提起日本军队侵略上海，在上海展开激烈的巷战，也有人会觉得这好像是电影一样。

笔者曾出版过《被构陷的日中关系》一书，其中有出版社对 1138 名日本人进行的问卷调查，其结果显示因工作关系或旅游与中国有过交流的人，能冷静、正面地看中国。而对中国印象不好的人则完全没有这方面的经历，只是受有关中国的恶意信息的影响罢了。对中国印象不好的人还有这样的看法：“对日本的 ODA 没有一点感谢”“中国人将怨恨作为美德”。

后文中将提到中国总理周恩来对日本战犯的审判做了何种政策，中日邦交正常化时有哪些决定。如果能知道这些史实，日本人就不会有上述的想法了。但很多日本人并没学过这些史实。

右翼政客、知识分子对学校的教育也施加了影响，导致日本正在进行历史修正主义教育。

对侵略历史避而不谈的教科书

右翼政客和国粹主义者不仅不让年轻人学习有关侵略的历史，还将试图抹杀侵略历史的“历史修正主义教科书”强行在学校推广，自民党右翼议员对拒绝采用该教科书的市、町、村、学校施加压力。

自民党还通过网络呼吁学生如果发现老师的观点或者课堂教育“在政治上并非中立”，就要上报给自民党。自民党对于“在政治上并非中立”的判断标准，举例来说的话，比如老师教导学生们“不要将孩子们送去战场”，就属于有问题。右翼的政治家甚至还干预中学的教育。

前文提到的右翼组织“日本会议”制定的历史修正主义教科书也发挥着主导作用。

日本在中国进行的残暴行为可以与法西斯相比，但是在“新历史教科书编委会”编撰的《国民教科书》里，这样写道：

“日本人和德国人同样发动了战争，德国人虽然傲慢但却总想去谢罪。”对谢罪之心充满嘲讽。受此影响，安倍内阁原总务大臣高市称“对侵略进行谢罪是很愚蠢的行为”。

在他们的支持下，通过对中学施加压力，中学社会科的课本上关于柳条湖事件（九一八事变）及侵华战争的表述中，没有出现“侵略”一词。

关于柳条湖事件的表述，如此写道：“由于中国的反日运动，日本军方为了保护移居到满洲的日本人和日本的权益，不得不向满洲各地的军队发起了进攻。”

此外，卢沟桥事件后的历史是这样表述的：“日本政府作出了不扩大方针，但是和国民政府军之间的战斗没有结束，以日军将校被害为导火线，日方撤回了不扩大方针，进军上海，开始与中国的全面战争，并占领了南京。”

在他们的思维里，侵华战争和占领南京、太平洋战争都是迫不得已发动的战争。他们这种随意的、不负责任的解释令人叹为观止。

对南京大屠杀的表述也仅仅只有 22 个字。对遇害人数是这样写的——“存在多种观点，如今争论仍在持续”，感觉是在说其他人的事情。

这本教科书对侵华战争变成太平洋战争的过程，也是从受害者的角度来讲述的。

对立陶宛领事杉原千亩拯救犹太人的事迹用了很大篇幅去描写，“这场战争是求生存的自卫战争，日本是为了将欧美列强对亚洲的殖民赶出去，解放亚洲”。

关于美军对日本城市的空袭轰炸，这样写道：“美军对国际法禁止的商业街、住宅街区也进行了无差别轰炸，对普通民众造成了重大伤亡。”

但是，对日本在中国重庆进行的无差别空袭轰炸、造成的医院损毁，以及慰安妇问题等，却没有任何从加害者角度进行阐述的记载。

安倍首相的书中提到“历史的捏造”

“历史修正主义教科书”在首相安倍这样的历史修正主义者的推动下，进入日本的学校。这样的教科书既是对中国的冒犯，也成为国际问题。

安倍和“历史修正主义教科书”的编纂团体之间有很深的渊源，对学校采用这样的教科书未提出任何异议，相当于首相自己也“否认侵略和南京大屠杀，认为侵略战争是自存自卫的战争”。

在安倍首相撰写的书中，对日本的学校教育是如此描述的：

“现在，日本正在推动让孩子讨厌日本的教育，即基于‘自虐思想的教育'。这是现在日本面临的最大问题。翻开社会和历史教科书，就会对里面的'自虐式描述'感到恐怖。中国和韩国所主张的伪造历史，如'南京大屠杀三十万人'堂而皇之地写在教科书里，还写有日本人过去对周边国家做过的无法用语言描述的残暴事情。”

“井底之蛙，不知大海，是因为受所居环境的限制”，上述言论正是井底之蛙的言论。

在第四章中，笔者将会阐述，这样的想法会将日本变成“没有节操的国家”，成为日本没落的原因。首相安倍认为“历史教育”是问题，能讲出这样的话，其实毫无远见。日本的高等教育培养的是这样的人，笔者认为其问题比历史教育的问题要大得多。

未接受正确历史观教育的年轻人，看到书店里摆的“反华书籍”“反华杂志”的标题，再听到电视上评论员声嘶力竭地煽动“中国威胁”的言论，对中国产生不好的印象是理所当然的。

这些年轻人对“日本是核爆炸的受害国”“那场战争是不得不发动的战争”这些论调不会有任何怀疑，直接存入大脑。看到中国在南海填海造地的视频，以及钓鱼岛周边的中国渔船，就自然会联想到“中国威胁”。

2017 年进行的一项问卷调查中问到“在教材中使用教育

敕语是否合适”，18—29 岁的人群中有 44% 的人回答为“合适”。教育敕语是日本在军国主义时代强制灌输给学校教育的“黑暗时代”之象征。年轻人的保守思想，也是学校未教授日本过去侵略历史的结果。

第五节 破坏中日友好的靖国神社

靖国神社是造成中日关系紧张和对立的元凶之一。

靖国神社里祭祀着战犯，对于这一点，靖国神社是这样解释的："为守卫国家牺牲了宝贵生命的神灵，没有身份和功勋的差别，应该都作为为国牺牲的宝贵神灵（靖国大神）被祭祀。"

曾经侵略中国造成无数人死去，也造成无数日本国民牺牲，犯下大罪的战犯被当作"为国家牺牲、为国捐躯的宝贵神灵"来祭祀。这是很奇怪的，很多日本人对祭祀战犯也同样抱有疑问。

靖国神社将甲级战犯进行合祀，是在否认侵略并要求首相公开参拜的"英灵回答会"的强势推动和运作下在 1978 年进行的，这一组织将甲级战犯定义为"昭和殉难者"。甲级战犯的合祀遭到了天皇的强烈反对，自此之后，天皇再没有去靖国神社参拜。

但是，安倍首相对靖国神社有很深的认同感，他说“参拜靖国神社遭到邻国的非难是没有任何道理的”。

他的理由是“美国阿灵顿墓地里埋葬着南北战争中牺牲的北军士兵和南军士兵，美国总统也会去祭祀”。

将对中国的侵略战争和美国的内战相提并论，不知是首相缺乏深刻思考事情的逻辑，还是对别人的痛苦无法体察。或者，首相自己对曾经在中国发生的事情一无所知？

安倍首相在给日本高野山的深院里安放的“昭和殉难者法务死追悼碑”中的甲级、乙级、丙级战犯的追悼纲要里写了如下追悼文：“谨向以自己的生命为代价成为国之柱石的昭和殉难者灵魂致以最诚挚的追悼。”

在首相安倍看来，将日本这个国家搞得七零八落的甲级战犯是“国之柱石”。这是让人难以理解的说法。

安倍重返首相宝座，组建第二次安倍内阁后，马上就去参拜了靖国神社。

他预想到了中国的反对，借此制造日本和中国之间的紧张气氛，使今后要推进的安保法改革容易得到民众的赞同。这是对第一次安倍内阁以失败告终时，在安倍失意期间仍支持他的右翼的谢礼。

靖国神社是“另类的神社”

靖国神社提倡“我国如今还保留着将死者的灵魂作为神灵进行祭祀，作为尊崇对象的文化和传统”。但是，很多日本人在祭祀死者时，与神道教相比，更接近佛教。靖国神社将“褊狭的神道观念”用“国家”进行了替换。

甚至有自民党政客认为“人死后就变成了神，对神灵进行参拜是自古以来日本人的心愿，不应该受其他国家的干涉”，试图借此将参拜靖国神社正当化。

但是，大多数日本人并不认为人死了就会变成神。多数日本人的葬礼是按照佛教的仪式进行的，而不是神道。另外，日本人还背负着被“战死就能成为神”和“国家神道”利用的黑暗历史。

日本人在小时候就被教导“做坏事的话会下地狱”，在战犯成为神这一点上，普通日本人也无法理解。持续去参拜靖国神社的政客应该是不具备一颗常人心的吧。

因此，靖国神社是“另类的神社”。

靖国神社里第二次世界大战甲级战犯和普通士兵都是按同一“座”进行祭祀的。因此，被迫卷入战争失去生命的士兵，如今在另一个世界也仍然和战犯一样被同“座”祭祀，永远得到安息。

靖国神社里的游就馆展示着“特攻”战斗机。其旁边展示着年纪轻轻就失去生命的特攻队员给家人的信："我作为护国之神将会永远活在靖国神社里。"这是"被美化的信"。

在战争时期，特工队员写给家人的书信是被审查的对象，还有写信的模板，留下这种被美化的信也是没有办法的事情。但如果写下灵魂深处的真实想法，会给家人造成影响。所以，被"美化过的书信"是无法反映实情的。

攻击失败返航的飞行员会被迫再次塞进飞机开向攻击目标，走向死亡。因此，靖国神社里至今仍能感受到无数士兵的恨与怨。很多右翼分子用"美化的书信"来美化战争、利用国粹主义来虚构史实。

利用"靖国神社的对立"

日本右翼政客为了将那场战争界定为"迫不得已的战争"掩盖侵略事实，在言行上采取了很多谋略，其中之一就是参拜靖国神社。

支持右翼组织"日本会议"的"日本会议国会议员恳谈会"截至2014年有289位国会议员加入，这些议员中的多数又参加了"大家都来参拜靖国神社议员会"，在每年的8月15日进行集体参拜。由常识来看，这是非常反常的情况。如果真有哀悼之意，想表达诚挚的尊崇与祭奠，为何不避免向中国挑衅的参拜方式，自己一个人静静地去参拜呢？

而且，若是有真挚之心的政治家，在参拜靖国神社前，应该先向遭受日本侵略而死去的中国人表示哀悼吧。

因此，这些人的参拜并非出于诚挚的哀悼之心，而是为了选票进行参拜，因为与靖国神社相关的遗族会及宗教团体有很多人是拥有权力的。日本有很多宗教团体，很多议员会出席多个宗教团体的活动，进行形式上的参拜。参拜靖国神社也出于同样的目的。集体参拜会被很多媒体报道，在媒体报道中露脸是他们的目的。

还有一种是意在“反华活动”的集体参拜，他们明知中国会反对，却故意去参拜，制造日本与中国之间的紧张气氛，企图达到扩大集体自卫权、加强军备、修改宪法的目的。

中国外长王毅说过“加害者越不忘加害于人的责任，受害者才越有可能平复曾经受到的伤害”。而日本右翼政客的集体参拜会让受害者想起自己曾受过的伤害，怀疑其是另有祸心。

第六节　美国对南海的介入

南海问题的实质

在考虑南海问题时，笔者有个很简单的疑问。

为何美国会对遥远的南海指手画脚，在中国的专属经济海域持续开展挑衅性的间谍活动呢？如果中国也在美国的专属经济海域经常活动，在佛罗里达和古巴之间的海域进行联合军事演习的话，美国会做何反应呢？在那个时候，日本政府又会如何评论呢？这是一个非常简单的疑问，但这个问题才是南海问题的本质。

最近美国政府发表了将耶路撒冷作为以色列首都的声明。

这一声明与南海问题相通，共同之处是美国的欺瞒与傲慢。

美国一方面呼吁世界和平，另一方面在行动上却是破坏和平，制造紧张局势。美国的这种行为在世界各地都有，这就是一种欺瞒与傲慢。由此我们可以解读南海问题的本质。

日本右翼媒体只从美国的角度进行报道，因此南海问题就成了“中国对周边国家的威胁”。

美国国内对其制造紧张局势，进行战争有很多反对意见，但这些多元的意见并没有在日本传播开。由美国向日本传播的信息是对双方保守派而言最有利的信息。美军对中国的挑衅行为，美国国内对这种挑衅的反对意见，在日本不会得到报道。在日本报道的消息是美国战略与国际研究中心（CSIS）和英国军事情报组织（HIS）搜集的中国填海造地视频。与此同时，安倍首相的发言也是“与美国成为一体，共同维护太平洋至印度洋的自由，使这里成为彻底法治的和平之海”。

拥有11艘航空母舰、海军舰艇总吨位达300万吨、军费开支占GDP总值3.5%（2014年）的美国，在中国的眼睛和鼻子底下进行潜水艇侦察活动，还和中国的周边国家举行联合军事演习，这对中国而言才是真正的“威胁”与“挑衅”。

美国在中国的大门口叫嚣，却用对己有利的理由为借口。为何美军会在遥远的南海海域进行活动呢？这个问题的答案只有两个：一是维持、扩充美军和军工产业，需要制造紧张局势；二是扩大对亚洲的影响力和霸权。

中国与东盟（ASEN）的合作与努力

若要理解南海问题的本质，需要回顾一下中国与东盟国家交流的历史。

1984年，邓小平提出将南海争议暂时搁置、共同开发的构想。

2002年11月，在柬埔寨首都金边举办的中国与东盟各国外交部长级会议上，通过了《南海各方行为宣言》，就中国与东盟诸国加强友好关系，共同维护南海地区的和平与稳定，通过友好协议和讨论等和平方法来解决南海问题的争议，各国采取克制的态度，避免出现将纷争复杂化、扩大化的行为达成共识。

《南海各方行为宣言》通过的时期正是1997年出现亚洲金融危机，东南亚、东亚各国对美国主导的IMF及亚洲开发银行的既有框架感到不安，希望加强地区合作，构建地区合作关系的时期。

2004年，中国和菲律宾就共同探查海底资源达成共识，随后越南也加入进来。之后，中国和东南亚各国以东盟共同体为基础，希望将日本也包含进来，逐渐发展出东亚共同体的构想。东亚共同体的构想旨在脱离依赖美国和美元的经济秩序，发展成“亚洲货币基金”、“亚洲债券市场”和“亚洲共同货币”。对希望在亚洲增强影响力，获得霸权的美国而言，这种脱离美国的构想是难以接受的。美国前总统奥巴马曾放言：“决定亚洲秩序的是美国。”

在南海问题上，中国的立场非常明确。

· 中国在南沙群岛及周边海域拥有无可争辩的主权。

· 中国和相关国家依据国家法和现代海洋法的准则，通过和平对话，妥善解决相关争议。

· "搁置争议、共同开发。"中国主张在处理南海问题上采取现实可行的处理方式。

· 中国希望和有争议的当事国直接对话，通过国际会议进行多边协调并不合适。

· 中国高度重视南海航行安全和自由通航，这一点不会有任何问题。

· 美国与南海问题没有任何关系，没有理由介入进来。

美国破坏南海和平

1978 年 3 月 12 日的日本《朝日新闻》这样报道：

"从巴拉望岛派来的菲律宾士兵早在 3 月初就以风驰电掣般的速度占领了南沙群岛的杨信沙洲。在巴拉望岛尼德海域，美菲合资的石油开发企业共同开发了菲律宾第一个有望进行商业生产的油田。这一新闻在 2 月末正在举行选举活动的马尼拉传播开后，当地人马上沸腾了。"

当时菲律宾还存在美军的苏比克海军基地。在美军的支援下，菲律宾占领了杨信沙洲。

美军对南海的介入与其亚洲的权益是密不可分的。

1991 年，美军从菲律宾的基地撤离，但在 1999 年却以维护南海自由航行为名，再度接近菲律宾，并举行了联合军事演习。

美国虽然暂时作出“不干预南海领海权问题”的态度，但是，当中国与东南亚的联系密切，开始威胁到美国在政治、经济、安全保障上的主导权地位时，美国就会出手采取离间东南亚、中国和日本团结的行为。2009 年，这种动向更为明显，在海南岛的南面，美国海军侦察船和中国海军情报搜集舰、巡逻船之间的纷争，美国向中国台湾出售武器，美国海军和越南军的联合军事演习，核动力航母乔治·华盛顿号在越南岘港现身，美军和菲律宾军队在南海的联合演习，等等，美国用各种各样的方式制造和煊染南海紧张局势，其目的在于破坏中国和亚洲的团结。

同样在 2014 年，美国和菲律宾签订了军事协定，开始在亚洲重新建设美国最大的海军基地。受此影响，日本政府承诺“希望通过各种各样的形式进行配合，并与菲律宾开展海上自卫队的共同训练”。

美国的欺骗性

南海有 18 个岛屿，多个国家或地区都主张自己拥有所有权。但是除中国外，声称对这 18 个岛屿拥有所有权的其他国家或地区都在建飞机跑道，比如菲律宾的中业岛，以及越南的南威岛。

但是，日本关于南海的报道仅仅提到 HIS，CSIS 的卫星图像显示中国正在填海造地。CSIS 是从美国的立场来报道亚洲海洋争端的组织。对中国方面的主张以及菲律宾、越南在建设飞机跑道，日本并没有报道。

日本 NHK 有关南海问题的国际报道是这样的："在菲律宾等国家主张拥有主权的南沙群岛中的美济礁上，中国突然修起了建筑，强行开始实际控制。"但是，在中国主张拥有所有权的中业岛上，菲律宾早已经建了飞机跑道。

日本舆论就是这样制造了这种"都是中国不好"的氛围。

唯美国马首是瞻是安倍政权的特征。安倍说"日本 100% 与美国保持相同步调"。

世界正变得越来越多样化，发生着巨大的变化。盲目地跟随美国，与其说是为了安全，不如说是蕴含着极大危险的行为。日本国会强行推动安保法案，要替美国做事，而日本承担风险和费用。

朝鲜问题也是如此。朝鲜进行核试验的原因来自美国。即使朝鲜核问题最终顺利解决了，只要存在核武器，就还会出现第二个、第三个朝鲜。如果不是通过对话，而是通过施加压力的方式去解决问题，风险将会更大。把责任推给中国，让中国对朝鲜施压，是美国的傲慢之处。笔者认为，只要美国不介入南海问题，由当事国自己来协商，南海问题早就解决了。

美国是一个表里不一，理想与现实距离比较大的国家。它虽然口口声声宣扬自由、博爱的理念，但其国内每年发生的校园枪击案，导致无数年轻人失去生命。

《现代西藏的诞生》（A.Tom Grunfeld 著，东方书店出版）一书指出，对 1958 年拉萨叛乱进行调查的国际法律专家委员会是一家由美国情报机关豢养的反共宣传组织，调查报告充满了偏见和愚蠢的错误，但这些都被当作事实被西方所接受。该书还写道："美国中央情报局插手西藏始于 1955 年，它向叛乱分子空投手枪、机关枪、55 厘米迫击炮、手榴弹，在塞班及赫尔营对叛乱分子提供军事训练。在印度情报局，特别是边境部队的指导下，西藏叛乱工作进展顺利。"由此，我们可以看到戴着假面的美国民主主义的真实面目。由于舆论控制，日本人非常认同"中国威胁论"，很少有人质疑"美国的欺瞒"。

第七节 中日两国在钓鱼岛问题上的对立

右翼与钓鱼岛

1978 年，在谈判《中日和平友好条约》时，日本外务大臣园田直在国会答辩时提出：“这么高调地对外展示（指强行建设直升机停机坪），中国不会有怨言吗？如果中国反对的话，还是先不做比较好。要说是保持现有的状态对国家有利，还是引发问题对国家有益的话，正如中国的邓小平副总理所说，搁置二十年、三十年，保持现况，不是很好吗？”

当时，自民党的右翼议员企图在钓鱼岛上建设直升机停机坪，破坏和平友好条约的谈判，动摇政府，阻碍条约的缔结。

2012 年 4 月，东京都知事石原慎太郎在美国传统基金会上阐述了“东京都购买钓鱼岛”的想法。美国传统基金会是在战略防卫构想方面对美国政府、国防部都有影响力的保守派智库。石原知事特意到美国去煽动中日对立，企图强化冲绳美军基地。“极右派势力”的东京都若购买了钓鱼岛，事态将会严重到不可收拾。

因此，民主党的野田首相为了应对石原知事的行为，决定将钓鱼岛国有化。这一国有化对之后的中日关系的紧张和对立产生了巨大影响。

日本右翼制造的对立

但是，在更早以前中日之间的对立就被右翼分子巧妙利用了。

2010 年 5 月，温家宝总理访日要推进战略互惠关系的具体实施。时任首相是民主党政权的鸠山，民主党打败自民党获得大选。

鸠山首相的政治理念是将东海变成“友爱之海”“构建东亚共同体”等比较亲华的政治理念。毫不意外，鸠山首相受到了右翼势力的顽固攻击。

在温家宝总理和鸠山首相会谈时，右翼势力开始了对鸠山的攻击。首先，东京都知事石原在全国知事会上质问鸠山一个难以回答的问题，即“日中发生武力冲突时，日美的安全保障问题”。

对石原这个愚蠢的问题用“如今正值通过战略互惠关系推动中日对话的时期，没必要回答如此愚蠢的问题。武力冲突的发生是有个过程的，对缺乏前提的问题没必要回答。日本和中国正在推进互惠对话，虚构的议题没有必要回答”就可以轻松带过去。

但是，鸠山回答说“需要再确认”，于是被抓住痛处，遭到猛烈的攻击。

自民党右翼议员声称“钓鱼岛存在争论的余地”，还将网络上的右翼分子卷进来，对鸠山的话进行攻击，甚至开始了人格攻击。安倍政权下担任过防卫大臣的小野寺五典甚至骂鸠山是“卖国贼”。

2010 年 9 月，在民主党菅直人政权下发生了钓鱼岛海域的渔船相撞事件。当时的外务大臣是民主党右翼亲美派的前原诚司，他说“对中国现实的威胁要坚决抵制，推动行使集体自卫权的宪法修改”。

在前原的主导下，日方逮捕了中方船长，加剧了中日紧张局势。

在 2010 年 10 月的众议院安保委员会上，前原对邓小平提出的搁置钓鱼岛争议的表态提出“邓小平的主张是中方单方面的意见，并没有事实显示日方同意了”。由于日本对钓鱼岛的国有化，中国和日本之间的紧张关系高涨。

周恩来与田中角荣的约定

关于钓鱼岛问题，日本是这样报道的：“在知道钓鱼岛可以开采石油前，中国是不会主张领土权的。”但中国早在 1958 年 9 月 4 日的《领海声明》中就声明“台湾以及周围各岛”是中国的领土。

中国方面在钓鱼岛问题上的主要主张如下。

钓鱼岛是中国的固有领土，日本通过侵略手段从中国强行窃取。

根据《波茨坦公告》《开罗宣言》，日本从中国窃取的领土应该归还给中国。《波茨坦公告》中记载“开罗宣言之条件必将实施，而日本之主权必将限于本州、北海道、九州、四国及吾人所决定其他小岛之内”。《开罗宣言》中讲道：“在使日本所窃取于中国之领土，例如东北四省、台湾、澎湖群岛等，归还中华民国。”

日本战败后接受了《波茨坦公告》。因此，日本主张“钓鱼岛”是日本领土在法理上是不通的。

日本政府的态度是“不存在需要解决的领土问题”，但是，笔者认为“日本和中国之间存在需要协商的领土问题”。

从过去恢复中日邦交谈判及《中日和平友好条约》签署时日本政治家和政府高官的言论，还有国会的质疑来看，“中日间存在需要协商的领土问题”，这一点是毋庸置疑的。

1972 年，周恩来总理和田中角荣首相在关于中日邦交正常化第三次首脑会谈上表示“关于钓鱼岛的问题，这次先不谈，留作以后的议题”，有关“搁置争议，以后再谈”这一点，双方达成了共识。

1997 年 11 月，在《朝日新闻》的“邦交正常化 25 周年的证言”讲座中，介绍了中国外交部顾问张香山的回忆录。其中田中角荣首相提出“想了解中国在钓鱼岛问题上的态度”，周恩来总理回答说“现在提这个问题也没有什么好事，因为发现了海底油田，台湾非常重视这个问题，美国也在想做点什么”。然后，田中首相回答说：“那好吧，没有必要再深究下去。那就作为今后的议题吧。如果能实现两国邦交正常化，其他的问题也能够解决。”

1978 年 10 月，为出席和福田首相进行《中日和平友好条约批准书》的互换仪式，邓小平访问了日本，在与日本记者的见面会上，他这样回答了记者的提问：“‘尖阁列岛’，我们叫钓鱼岛，这个名字我们叫法不同，双方有着不同的看法，实现中日邦交正常化时，我们双方约定不涉及这一问题。这次谈中日和平友好条约的时候，双方也约定不涉及这一问题。倒是有些人想在这个问题上挑一些刺，来障碍中日关系的发展。我们认为两国政府把这个问题避开是比较明智的，这样的问题放一下不要紧，等 10 年也没有关系。我们这一代缺少智慧，谈这个问题达不成一致意见，下一代比我们聪明，一定会找到彼此都能接受的方法。”

笔者认为，将邓小平的发言理解为“中方单方面的言论”的日本政客，非但没有“比上一代聪明”，反倒“退步”了。

“搁置钓鱼岛的争议”这一点，从中日邦交正常化和中日和平友好条约签订时双方有关人员的发言来看，事实昭昭。

1979 年 5 月，铃木善幸前首相访华时，邓小平向他提出共同开发钓鱼岛的提案。铃木把与邓小平会谈的内容告诉了英国首相撒切尔夫人。“中日双方政府基于更大的共同利益将会开展合作，就维持（钓鱼岛）的现状达成共识，实际上搁置了争议”这一内容记载在英国的官方文件里。

日本人的信誉遭遇考验

《中日和平友好条约》签订后，偏右翼媒体《读卖新闻》也发表过这样的社论：“对于搁置领土问题的争议，留待以后解决，日中双方政府就此达成共识。虽然并没有以共同声明和条约的形式公布出来，但是作为两国政府间的相互约定是毫无疑问的。”

但如今日本政府的态度却是“双方没有搁置争议的共识”。笔者对日本政府为何会采取这样敷衍的态度，感到非常不能理解。

周恩来总理和田中角荣首相之间达成的共识的确没有条约文书存在，但共识是田中首相对周总理的承诺。政府若否定这一点的话，人们就会问："首脑交流到底有何意义？""首脑讲的话是否有分量？""国与国之间的信赖关系到底是什么？""人与人之间的信赖关系是什么？"信赖是由语言和态度产生的。

日本是一个"认为语言中有神灵"的国家，日本人的国民性是非常注重言语上的承诺的。忘记这一点，采取敷衍了事的态度，对日本人而言是非常羞耻的事情。笔者认为，应该按照既有的承诺推动与中国的磋商。日本应该和中国一起开动脑筋，共同协商将东亚之海变成"友好之海"。

钓鱼岛在日本被政治利用了。渲染钓鱼岛的紧张、对立是为了故意给民众造成"只有自民党才能处理来自中国的威胁"的印象。

与中国的紧张、对立关系是日本右翼政客、媒体及右翼知识分子共同制造出来的。钓鱼岛拷问的不是领土问题，而是日本人的"良心"。

第八节　对中日友好的建议

子孙也应背负十字架

为了“占领富饶的满洲”，日本发动了侵华战争，进行南京大屠杀、空袭重庆、在上海开展城市巷战、在东北进行无差别杀戮的“殖民灭绝扫荡战”、进行细菌试验、强奸妇女、组建细菌战部队、偷运大麻、倾销鸦片、强征慰安妇、印制假钞等，日本军队在中国罪行累累，罄竹难书。

在战后50周年的村山讲话中，能看出日本对这些罪行的反省：

“我国在不久前的一段时期，国策发生错误，走上了战争的道路，使国民陷入生死存亡的危机，殖民统治和侵略给许多国家，特别是亚洲各国人民带来了巨大的伤害和痛苦。为了避免以后发生错误，毫无疑问，我们应谦虚地接受历史事实，并再次表示深刻的反省和由衷的歉意。同时向在这段历史中受到灾难的所有国内外人士表示沉痛的哀悼。”

通过村山谈话的谢罪，很多日本人认为总算了结了一段往事，可以告一个段落了。

但是，也有越来越多的普通日本民众质疑“日本到底要谢罪到什么时候”“中国到底要求日本谢罪到什么时候”。

在日本，没有给民众创造必须为第二次世界大战罪行“谢罪”的环境，原本是加害者的日本人不知不觉地变成了受害者。

村山谈话绝不是日本谢罪的句号，这不过是一个节点。

“反省”“谢罪”是对日本人良心的拷问。日本在中国犯下了那么严重的罪行，连续一百年、两百年进行谢罪也是不够的。即使没有人要求，自己主动去谢罪也应是出于良心。子孙后代也应该继承这一“谢罪”，将历史的真相一代代传下去。子子孙孙来背负沉重的十字架也是谢罪的方式。

孩子是父母的一面镜子

日本很多右翼政客对村山谈话持否定态度。

支持安倍政权的高市前总务大臣这样讲：“对村山谈话中没有见识的观点，如果放任不管的话，我们将会被作为犯罪国家的国民，子子孙孙都会被束缚手脚。”同样支持安倍首相的稻田前防卫大臣也否定了南京大屠杀和侵略，她认为“自卫战争是主权国家正当的权力，战争是解决国家间纷争的终极手段”。

侵略也能包装成自卫战争。上述这些言论是出自政权中枢的政治家的言论，实在令人不齿。

这样轻率的政客成了中日友好的障碍。

人们经常说，孩子是父母的一面镜子。右翼政客频频发出否认侵略、谢罪的言论，正是因为安倍首相本身在这方面的观念比较淡薄。

2017 年在全国战殁者追悼仪式上，天皇在讲话中提到“深刻的反省”，希望带来今后的和平。但是，安倍首相在追悼仪式上的讲话中没有提及任何关于侵略的加害责任、谢罪和反省字眼。天皇提到了“反省”，但是首相却没有提到，真是不可思议。

三个建议

如果安倍首相真的有中日友好的意愿，应该做如下三件事。

第一，安倍首相亲自去“南京大屠杀纪念馆”谢罪。

第二，举行自民党议员的“侵略战争学习会”。

第三，在钓鱼岛问题上推动中日对话。

1970 年西德总理勃兰特访问华沙时，在犹太人隔离区起义纪念碑前跪下进行谢罪。

1985 年在纪念第二次世界大战结束 40 周年的大会上，德国前总统魏茨泽克曾说："闭目不看过去的人，也看不清现在。"纳粹德国党卫军曾在法国奥拉杜尔杀害了全村 642 名村民。2013 年 9 月作为第一个访问此地的德国元首，德国前总统希姆·高克说："这个罪行是德国人犯下的。贵国愿意同我们和解，共同携手前进，我谨以所有德国人的名义表示感谢。"

日本曾有海部俊树、村山富市、鸠山由纪夫等几任前首相访问南京大屠杀纪念馆，但还没有一位现任首相参观过南京大屠杀纪念馆。

位于政治中心的政治家将对侵略行为的谢罪视作"愚蠢的行为"，这在一个正常的国家是不可能发生的。由不理解基本的为人之道的领导人带领的国家是不可能繁荣的。

能够去访问美国第二次世界大战纪念馆，对美国战殁者致以悼念的日本首相，也应该访问南京大屠杀纪念馆。不必再纠结悼念对象的具体人数是 20 万人还是 30 万人，能有勇气直面历史真相，并进行谢罪就是最好的悼念。首脑交流可以在此之后进行。

日本与一衣带水的邻居中国如不能构建很好的关系，再将世界和平挂在嘴上是很羞耻的。

长期执政的自民党，行为举动应该更像是一个"成熟的集体"。作为执政党的责任，应该培养能直面历史，了解"因侵略发生过哪些事""中国是如何进行战后处理"的成熟议员。

“加害者越不忘加害于人的责任，受害者才越有可能平复曾经受到的伤害”，日本应该诚挚地接受这个建议。

以德报怨

关于战后中国与日本的历史，有两件事日本人决不能忘记。

第一是中国对日本“战犯”的宽大处理。

第二次世界大战后，约有65万日本人滞留在西伯利亚。1950年，这些滞留者中约有960人被中国人作为战犯送往“抚顺战犯管理所”。

战后滞留中国的“山西残留军人”中约有140人被送往“太原战犯管理所”。“战犯也是人，要尊重他们的人格。”“如果靠制裁和复仇的话，就无法切断仇恨的锁链，20年后就会明白这一点。”[①] 在周恩来总理的指示下，日本战犯在人道主义的原则下度过了管理所的生活。

这就是中国哲人老子所说的“以德报怨”。

当时，普通中国老百姓每天只能吃两顿高粱饭，但是日本战犯却可以吃白米饭。

被收容的1017名战犯中，被起诉的只有45人，其他人被免予起诉并释放回国。被起诉的45人中被判处8—20年监禁后，在西伯利亚被拘禁了5年，加上被判刑前的6年，几乎都

① 引自日本埼玉县“中国归国者联合会和平纪念馆”陈列资料。

在刑满前就被释放回国。

他们在回国后，成立了“中国归还者联络会”，从加害者的角度讲述对中国的侵略和自己的战争体验。至今“中国归还者联络会”还以日本埼玉县川越市的 NPO 法人“中归联和平纪念馆”的方式在延续着。

因为周恩来总理的宽大处理政策，日本战犯在受审后，没有一人被处决，而且最终被送回日本。日本人应该回报周恩来的这一恩情。

要回报恩情，首先应该做的是“正视历史事实”、“坦诚地谢罪”和“亲善友好”。

己所不欲，勿施于人

还有一个不能遗忘的历史事实就是，中日恢复邦交时的情形。

1972 年，中日在进行恢复邦交的谈判时，日本公明党的国会议员竹入义胜和周恩来总理进行了会谈。针对日本的战争赔偿问题，周恩来表示，为了不增加日本人民的负担，为了两国人民的友好，中国不要求赔偿，他讲到中日甲午战争和八国联军侵略中国后中国割地赔款的沉痛感受，说日本侵华战争是少数人惹出来的，不应该让人民来负担。[①]

---

① 《外交“封”云：40 位前外交官讲述外交封背后的故事》（人民邮电出版社）。

孔子提倡虚己待人、天道酬勤的观点，被弟子子贡问道："有一言而可以终身行之者乎？"子曰："其恕乎！己所不欲，勿施于人（体谅他人，对于自己不希望的事情，也不要要求别人去做）。"

否认侵略，拒绝谢罪的右翼政客和知识分子听到周恩来的话，会作何感想呢？

周恩来在战后对日本战犯的宽大处理，在日本已经被逐渐淡忘，因此日本民众才会说"日本通过 ODA 已经为中国做了那么多援助"。ODA 不应该是出于施舍的心理去做的，而应带着"请让我们做"的意愿来做。

因侵略战争而死去的中国人的恨与痛，不是金钱或 ODA 可以治愈的。

虽然周恩来说战争的责任不在国民，但笔者认为日本民众也有罪。引导日本走向军国主义的是一部分领导人，但是日本国民也曾对吞并满洲感到窃喜，接受了日本军队出兵到中国各地。很多报纸称赞这种行为是"进军"。

卢沟桥事件后的第二个月，日本海军开始轰炸南京。1937 年 8 月至 10 月一共进行了 65 次轰炸，最后有 90 多架飞机投入轰炸。当时《读卖新闻》的标题为"战史空前的首都南京大轰炸"。

即使存在事态扩大成如此的理由，但也不能因此为侵略行为找借口。

日本人应该做的，就是牢记日本的侵略行为，坦诚地谢罪。这种谢罪行为即使持续一百年，也是不够的。

“浩然正气”的胡耀邦在日本国会的演讲

中国的“和平友好理念”浓缩于胡耀邦在日本国会的演讲里。

1983 年，访问日本的胡耀邦在日本国会做了以下演讲：

“全中国人民的共同心愿就是中日两国长期的睦邻友好，安定发展，子子孙孙都能友好地交往下去。中日睦邻友好关系重新建立起来的时间还比较短。从《中日和平友好条约》的签订至今，也不过仅仅 5 年的时间。两国有关方面开始接触，在相互配合的过程中，出现一些担忧和意见分歧，步调不统一是难以避免的。正因为如此，我们必须珍惜这来之不易的友好关系，在《中日联合声明》，以及《中日和平友好条约》的基础上，增强两国政府和两国领导人之间的相互信任，加强两国经济、文化交流，共同努力促进两国民间和年轻一代的友好往来。”①

有大臣级别的日本官员说“村山谈话”的内容是没有见识的，认为所谓侵华战争是自卫战争。但是作为被害方代表的胡耀邦先生却亲自来到日本，讲出“出现一些担忧和意见分歧，

① 引自 1983 年 11 月 26 日《朝日新闻》“胡耀邦总书记国会演讲要旨”。

步调不统一是难以避免的。正因为如此，我们必须珍惜这来之不易的友好关系”。

孟子讲通过“德”实施王道政治，浩然之气靠“义”和“道”，即“正义”和“人道”养成。日本政治家也应该重新拾起《中日和平友好条约》的理念，仔细回味胡耀邦在日本所讲的话，培养“浩然正气”。

对独特性的理解与包容

日本若要加深与中国的友好关系，需要理解“中国的和平主义”，需要理解中国的“特殊性”和“独立的发展道路”。

日本是喜欢同一性的社会，对特殊性的理解非常弱。而中国是一个与特殊性共存的社会。中国的多民族、语言、习惯、气候以及庞大人口等，从日本的角度来看，这是一个与日本完全不同的特殊社会。中国被欧美列强及日本侵略也是一段“特殊”的历史。

“共产主义”“贫困”也是从“特殊历史”中诞生的词语。

只要能稍微理解中国领导人在“庞大人口共同发展压力”下的想法，日本人对中国可能就会更包容吧。

世界正在变得多样化，不能仅从“西方、东方”进行判断。如果一定要这样区分的话，中国处于“正中间”，走的是“独立道路”。

对“特殊”的理解需要宽容之心，还需要从亚洲的角度来看中国。

如果用欧美的价值观来看中国，与欧美不同的中国具有排他性。

如果考虑不到中国的特殊性，单纯地将中国定义为专制、霸权、反民主的话，就会看不清中国的和平主义，对中国的解读就会发生错误。欧美价值观并非就是普世价值观，看看特朗普领导下的美国，就会发现所谓“普世”也有离奇的地方。

日本曾侵略过同为亚洲同胞的中国，不能理解中国的特殊性，就认为中国是“专制”国家，这是一种傲慢与失礼。

要治理具有特殊性的国家，就需要摆脱欧美价值观的束缚，从中国的独特性去考虑，独特性包括宪法、法律、体制、发展历程、所需时间等各种各样的独特性。习近平主席所倡导的“新时代”也是走向“独特的时代”。对“特殊性”和“独特性”的理解有助于增进对中国和平主义的理解，因此需要有包容性。

报恩之路

周恩来做到了“己所不欲，勿施于人”，这正是君子风范。日本要报答周恩来的恩情，应该做的事情就是“与中国和平友好”。

但是，过去也好，现在也罢，由于右翼势力的阻挠和破坏，中日关系处于不安定的状况之中。日本右翼将“国粹主义”作为自己的信条。若果真如此，日本就应该和美国保持距离，坚持作为亚洲国家的骄傲，努力实现日本自立，还必须反对冲绳美军基地。但是，日本的右翼却寻求“与美军的一体化”。

黄色人种的日本人，要和“美国人”同一化，这和宣扬日本的“国粹主义”是自相矛盾的，不过是一种“似是而非的民族主义”。

日本为了所谓的“自存自卫”“东亚和平”发动了侵略战争。

在首相安倍的领导下，日本打着“积极和平主义”的旗号，为了实现与美国一同战斗的目的，解禁了“集体自卫权”。

“自存自卫”和“集体自卫权”，“东亚和平”和“积极和平主义”是孪生一样的词语。“侵略”也可打着“自存自卫”的旗号，但实质却是发动侵略战争。

如果日本真的希望实现和平，“不应该和美国共同构建世界和平”，而应该“和中国一起共建亚洲的和平”。

连本国的枪支滥用问题都尚未解决的美国是不可能实现世界和平的。年轻人的生命可以用金钱来赎买的国家是没有前途的。

因此，日本应该尽快回到“亚洲的日本”这一定位上。不要再将目光投向太平洋彼岸，而应该将关注点转向东海。

中日恢复邦交时，作家臼井吉见曾这样讲过：

“本该最初讲和的对象（中国），却（被日本）放到了最后。而且，还将对方视为假想敌，和其他国家缔结军事同盟。在中日恢复邦交之际，最重要的是日本应该永远在世界人民面前，对在中国所犯下的丑恶罪行诚挚地向中国道歉。”

正如臼井所说，日本应该首先和中国恢复邦交，签订和平友好条约。但是，实际次序却搞反了，先推进与美国的一体化。日本在身份认同上的缺失从那时就开始了。右翼思想企图在侵略事实上蒙混过关，攻击谢罪之心是自虐史观，这是破坏日本人身份认同的危险思想。

第三章

新时代是什么？中国将走向何方？

第一节　思考 2020 年后的风险

“新时代”到底是什么？

在 2017 年的中国共产党第十九次全国代表大会上，习近平总书记论述了“新时代中国特色社会主义思想”的新指导思想。这个新指导思想和马克思列宁主义、毛泽东思想、邓小平理论、“三个代表”重要思想和科学发展观一起成为中国共产党今后的指导思想。

要读懂今后的中国，首先必须理解“新时代”的意义。

关于“新时代”有各种各样的解释，既可以理解为中国正在走向“特色社会主义”“社会主义现代化”的新时代，也可以理解成中国虽然实现了经济发展，正朝着社会主义现代化发展的过程中，但还有很多社会矛盾亟待解决，还可以理解为中国正在从“先富”走向“共同富裕”的新时代，总之有各种各样的解释。

笔者认为，“新时代”一词包含着习近平总书记对中国社会今后发展方向提出的问题，暗含着社会本质根源性的问题。面临腐败、贫困和收入差距、环境等方面的社会矛盾时，如果能回顾过去所取得的成就，就一定能想出解决的对策。反腐正在推进之中，贫富差距在逐渐缩小。正如北京的空气一样，环境在逐步改善，经济还在持续稳定增长。

但是，在目前的状态下仍有不足的地方，在根源上缺点什么，所以才会用“新时代”一词向老百姓提出问题。

笔者认为，若仅仅只是延续现在的状态，是无法走入“新时代”的。需要考虑目前欠缺哪些要素，真正理解“新时代”的内涵。“新时代”意味着时代更新。

社会的空洞化

笔者在2010年出版了《2020年为止的中国战略：解读2020年前的中国的50个要点》一书，阐述了中国迄今为止坚实地成长和发展原因。同时，笔者也思考了如果2020年后中国出现问题的话，那将是什么。

笔者将风险的可能性归纳为以下八个方面：“社会的空洞化”“以自我为中心”“高成本社会”“诚信缺失”“制造业的衰退”“中小企业发展迟缓”“服务业的瓶颈”“财政负担的增大”。

迈向“新征程”的过程，是克服这些问题，走向共同富裕的过程。为此，可以来梳理下这八个方面的问题。

中国通过财政支出 4 万亿元，熬过了世界经济危机。2012 年 7—9 月 GDP 的增长率为 7.4%，而后连续 7 年走低。日本很多经济杂志指出中国出口下降，房地产价格持续高涨，物价攀升，中小企业的高息融资和相继倒闭，电力相关产业不景气，地方政府的债务问题加重和收入差距扩大，老龄化社会和劳动人口减少等各种问题凸显，于是评论认为中国高速发展的时期已经结束了。

但是，笔者认为上述提及的很多问题是中国步入中等收入国家的必然过程，通过灵活的政策解决这些问题，经济增长是可以持续下去的，在笔者的著述中对此有详细的阐述。如果要谈中国社会的风险，笔者认为风险是由其他的社会问题带来的，其中之一就是“社会的空洞化”。

在 2012 年日本纷纷批评中国经济的各种问题时，中国政府部门、央企、银行、证券和保险公司的工资水平大幅度提升。比如在某家保险公司长期工作的员工，平均每人能得到 85 万元的奖金。由于工资的上涨，泡沫开始出现，作为礼品的高级酒、烟价格异常飙升。它们“因为价格昂贵”被购买后送礼，这样双方都有面子。面子导致价格上升。

20 世纪 70 年代末期，中国出现偷渡出国和外出打工潮，80 年代出现留学热和仅次于留学的投资移民热。据报道称，在拥有 1000 万元可投资资产的人群中，14% 决定移民，46%

正在计划中；而在拥有1亿资产的人群中，27%已办完移民手续。

申请美国移民局B-5投资移民签证的人中，75%为中国人。因为中国实行的是自由经济，富裕阶层在海外进行投资是没有问题的。

但是，通过非法途径或暗中交易获得财富的人，为了转移财产，选择投资移民是有违社会正义的。在中国挣钱，但是心已经飞往海外，这会对社会的诚信造成巨大影响。随着中国社会的空洞化，风险也就产生。很多富裕阶层似乎只是暂时借住在中国这个旅馆里。

如果说农耕社会是一点一滴地进行积累，那么目前的中国社会就是狩猎社会。没有耕种，只追求眼前利益。

笔者认为，中国的房地产泡沫不会破灭。中国的房地产问题和日本曾发生的房地产泡沫在本质上是不同的，但是社会的经济泡沫会腐蚀人的心灵，让大家失去理智。

“社会的空洞化”将成为一个危机。

以自我为中心

以自我为中心是在残酷社会中生存下去的一种技能，就是“厚着脸皮地活下去吧”。这种方式本身并不值得被否定。不必在乎别人的眼光，自己决定自己要走的路。正因为个体的这种强大精神，中国获得了快速发展。在“你追我赶”的时代，这种以自我为中心的精神是有好处的。

但对今后的中国而言，政治和经济的主题是和谐。要驾驭复杂的社会环境，彼此之间的协调与合作是很重要的。这与“以自我为中心”有时是对立的。

笔者在2012年的书中，这样讲道：

“中国今后将会进入更为复杂的时代。政治、金融、财政、出口、人民币值、收入差距、企业经营，不管哪一个方面都需要和谐。要驾驭和谐社会，需要整体上的构建、协调与合作。企业需要效率化与体系化。和谐、协调、合作、统一步调是中国社会的软肋。今后政治、社会、企业等都需要协调和系统化，这与自我本位是相对的。”

日本是一个注重“对方”的社会，而中国是主张“自我”的社会。日本职场是注重“汇报、联络、商量”的文化。若要在中国职场生存下来，则需要相当程度的努力。中国是一个不承认错误的社会，日本社会的习惯是无论什么都需要道歉，这样就不会产生冲突，能让场面平稳过渡。

注重“自己”或“对方”的社会，各有长处和短处。

因此，中国和日本需要琴瑟相和，友好合作。如果能够互相取长补短，就可以实现彼此更好的发展。

如何在不损害进取心的同时，控制自我本位，将成为中国面临的课题之一。

高成本社会

中国并不是以廉价的人工费发展起来的低成本社会。

辽阔的国土面积和复杂的行政体系使中国的生意虽然人工费较便宜，但管理成本和时间成本非常高。因此，笔者认为投资中国的企业不应只把中国当作生产基地，而应该视中国为世界的市场。

中国的行政机构包括中央、省、区、市、县、街道、社区和镇等，财政支出中有 20% 是行政费用。据社会统计报告显示，2012 年中国全国的行政机构约有 40 万个，行政监督检查机构约有 2 万个，存在很多政府审批，行政费用有很多浪费，社会效率较低。

很多政府部门与认定和评定审查有关，层层设限，需要一级一级进行申报审批。审查也分国家级、省级、市级等。审批内容过多会影响经济活动。企业中相关的应对人员的工资和时间成本也会上升。地方政府基层的乱收费也是问题。工资持续上升的话，管理成本也会随之上升，如果不能相应地增加附加值，公司将无法生存。

诚实的缺失

中国通过“飞速发展”获得了令人瞩目的经济发展。

天津 712 工厂生产出第一台黑白电视机是在 1958 年，1986 年中国就成为世界第一的电视机生产大国。

1993 年深圳的私家车保有量为 2100 台。汽车产量从 100 万台到 2012 年的 200 万台只花了 5 年。高铁和高速公路网、境外旅游也是“飞速发展”。

“飞速发展”是令人非常震惊的，但是社会存在“传统价值观在一点点丧失”的危险。20 世纪 90 年代后期，笔者认识的上海著名餐厅的经营者就感叹员工们不是想着该怎么样才能做好工作，而是光想着“要是自己能当老板就好了”，没法踏踏实实地工作。急速的经济发展使大家都开始做一夜暴富的美梦，使社会失去了安定感。

再加上“腐败”问题损害社会诚信。

关于腐败，有人声称“对喜爱臭味的人而言，腐败就是美味的臭豆腐”。政治腐败和企业的不正之风，也会造成社会风气的问题。将权力待价而沽的“钱权交易”，意味着可以用金钱购买权力。历史上吃“大锅饭”让个人获益，却使公家受损的社会氛围仍然存在。企业之中，员工的不正之风和暗箱操作也非常多。学校里也会收一些不可公开的灰色费用。不透明的经济和假发票与其说是公家的问题，不如说是老百姓自己的问题。

90 年代后期之后，因经济犯罪逃亡海外的政府、公安、司法、国有企业干部达数万人，其中大部分资金是通过“地下钱庄”流到海外的。如何带领“诚信缺失”的社会走向和谐社会，也是中国的一大课题。

制造业的衰退

制造业的质量上升是考虑到增加顾客和未来订单的结果，即“考虑到他人”的结果。但是，中国的问题是存在用权力去解决的倾向。

中国的制造业对外包企业的要求往往是“比其他地方质量更好，更便宜，今天下订单明天就能交货，不讲其他理由，做不到的话就取消交易”。

结果，做外包加工的企业经常忽视法律，彻夜赶工，工程混乱，生产过剩。在供给过剩的社会，其背后往往存在这样的生产现象。

学习丰田生产方式的企业非常多，但很多只是对强调“及时交货”的结果进行随意解释。质量保障体系 ISO 的文件也可以做得非常漂亮，但是实际要在公司内部实现合作、配合的能力却非常弱，因此实际操作比较困难。很多制造工厂现场流程混乱，不良产品非常多。即便如此，低人工费还是建立起了世界工厂。

中小制造业的利润率非常低，原料费和人工费上升就有可能导致其经营难以为继。

如果具备共同培育大企业和小企业的想法，提升质量，中国制造也会变得更有实力，品牌力也会提升。

职场的上下级关系讲究权力主义，对下属的教育也存在问题。管理者习惯通过权威和道理来解决问题，稍有意见上的分歧，就会在言辞上激烈交锋。如果仅将工作看成劳动和报酬的话，其他价值观念意识会比较淡薄，也难以让生产一线的创意和品质提高。如果发生了问题，不是去寻找原因和对策，而是想着通过人际关系和金钱来解决，这样的社会环境也是导致质量难以提高的原因。

在安全管理等方面的行政管制和许可都可以通过金钱购买，在这样的社会氛围下，工厂管理水平不会提高。

中国制造的产品缺乏精致感，是因为缺乏能使制造业稳定发展的社会氛围。通过从海外购买技术和先进设备，可以从某种程度上填补消费者对高质量产品的需求与供给之间的差距，但是却不能从根源上解决问题。创造金钱也无法购买的重视品质的社会氛围也是非常重要的。

如果无法营造这样的社会氛围，那么追求品质的人就会把目光投向海外。因此，进口量会增加。制造业的衰退将会导致出口减少，进口增加，那么中国恐怕也会变成贸易逆差大国。

中小企业发展迟缓

中国正在推行分配制度改革，努力实现科技立国，很多城市都在争创高新技术产业城市，从劳动密集型产业中华丽转身。

但是，截至2010年年末，工商机构登记的中小企业约有1137万家，超过总企业数的95%。GDP的60%、税收的50%以及地方财政收入的80%都是由中小企业贡献的。在今后制造业产业升级中，中小企业的存亡问题将占很大比重。

13亿多人的市场经济没有历史先例。正如第一章所述，中国的科技实力正稳步提升。13亿多人要生存下去，既需要劳动密集型产业，也需要中小企业。急剧的收入分配改革，可能会使正在发展中的中小企业遭到淘汰。

如果后续的应对政策出现错误，就会使整个社会出现动摇。中国制造业的产业升级是在非常艰难的环境中推进的。

在中国最重要的产业中，国有企业是主体。2010年，全国工业方面的国有企业有20510家。据国务院发展研究中心的报告，电力、石油、石炭、黑色金属（铁、锰、铬）、有色金属（黑色金属以外的金属）、化学品材料、运输设备、通信设备、烟草产业等国有企业占据了生产总额的82.6%、纯利润的

81.4%、总资产的 80.6%。

面向中小企业的投资环境、基金和公司债券发行体制的不完备，使得中小企业的平均借贷成本比大企业高 6%—8%。中小企业只能从当地银行、小型融资机构、中介公司、租赁公司、地下钱庄筹措资金。多数金融业都集中在大中城市，无法覆盖中小企业较多的二线城市、三线城市等。

推动国家向前发展的不仅仅只有尖端科技，大企业的尖端科技也需要中小企业提供相关技术和零部件生产。从中小企业的就业人口来看，如果政府出台支援中小企业的对策太迟缓的话，也会影响社会的稳定。中小企业不能被科学技术振兴的政策所忽略，成为被忽略的“继子”。

服务业的瓶颈

中国今后要发展服务业，必须促进第三产业的发展。农村在城镇化后，大量的农民需要就业，需要有去处，第三产业在吸收农民就业方面发挥着不可替代的作用。但是，服务业的发展还面临着许多课题。

20 世纪 90 年代初期，在上海的百货商店里常常看到店员将商品扔给顾客的情景。当然，现在已经看不到这种景象了。

但是，服务业的发展需要有一颗奉献之心。在待人接物上，要把使对方感到快乐当作自己的快乐，这种心情体现在态度上，成为有价值的事情，有助于提高服务业的水平。为此，就需要人们能够相互合作与配合。这种体谅和利他之心，从细微处的动作、言语和所花的心思上体现出来，都非常重要。

笔者从90年代初期开始，持续观察中国服务业的变化。与当时相比，中国在零售业、服务业方面对客人的态度有了明显提高。

有航空公司在客舱服务中提倡"待客五原则"。但是，对于体验过日本式待客之道的人而言，还是会觉得有所不足。

有海外公司进入中国，开展待客方面训练的业务。店铺的工作人员在街头上进行发声训练的场景并不罕见。但，仍会让人觉得有所欠缺的原因是什么呢?

服务业质量的提高，需要一线员工有一颗利他之心。在训练待人接客方面，如果只是教流程，未能走心，那么质量的提高就会止步在一定水平上。一线人员能从心里感到花一些心思让顾客满意是重要的，也是最关键的。

社会变富裕后，人们开始追求服务质量的提高。对物品和服务都讲究的人会越来越多。如果质量不能提高的话，需求与供给之间的差距会越来越明显。随着经济的发展，就会变成这样一个时代：提供服务的设备和硬件越来越先进，但软件和服务质量却没能跟上去。

如今，有越来越多的中国人到日本旅游。日本人有体谅之心、待客之道的传统，这是成熟社会的价值观。笔者常常在日本讲，将会有越来越多的中国人为追求这种服务的价值访问日本。

发展服务业和制造业所需的要素是相通的，就是把目光从“我”转向“你”，满足客户的需求。

如果中国服务业的质量未能提升更多，那么人们对高品质服务的需求就会转移到海外，如此一来，中国国内服务业的发展也会止步在一定的程度上。2020 年后的中国还面临这样的课题。

财政负担的增大

今后中国 60 岁以上的老年人人数会增加，面临劳动人口减少，老龄人口增加，会遇到和日本一样的养老金问题。未加入养老保险的人数增加，城市就业者养老保险的收入不足，城市基本养老保险账户出现资金不足问题，这将使填补这部分空缺的财政负担会增加。

中国银行的研究报告称，2033 年中国养老金不足的数额将会达到 68.2 万亿元。养老金、教育、住房保障的费用持续在增长。此外，农村和城市的保险一体化也给支付带来巨大的负担。

随着老龄化社会的发展，医疗保险支出额会增加，政府的医疗费负担也会增加。

社会保障住宅、最低生活保障和非法领取国家补助金也成为问题，更对财政造成压力。老龄化社会将成为中国无法回避的现实问题，要想实现共同富裕，必须充实社会福利。防止通过偷税漏税和不正当途径领取补助金，加强社会正义方面的管理，自不必说。想要维持不断增加的养老金支出和社会福利的预算，需要通过经济发展来保障税收，实现公正公平的税收征收。

随着社保费用的增加，公路、铁路、农村电力网络的整备、可再生能源的投资、环境投资、城市污水处理方面的投资也会持续增加。

中国今后也必须维持一定水平的经济发展速度，这是2020年以后面临的重大课题。

以上就是笔者对中国2020年后面临的课题和风险进行的总结。这是笔者在2012年预测2020年后的中国一书中的内容。如今几年又过去了。中国政府在“反腐”方面的作为，超过了笔者的预期。在此期间中国经济还在迅速发展。上述课题和风险的前提条件出现了一些变化。但是，这些仍然将会是中国接下来将面临的课题。

考虑到这些课题与风险，再去思考今后中国将会走向何方，“新时代”到底意味着什么？

第二节　新时代是什么？

中华人民共和国成立 100 年时的目标

中国共产党第十一届三中全会决定结束阶级斗争，与世界各国建立平等互惠的经济合作关系，为实现中国的现代化推进经济改革。于是，中国朝着工业、农业、国防、科学技术的四个现代化前进。

1987 年中共十三大公布了为实现“中国梦”“小康家庭”“小康社会”的三个发展阶段。第一阶段实现国民生产总值比 1980 年翻一番，解决人民的温饱问题（最低限的生活水准）。第二阶段是，到20世纪末实现“人民生活达到小康水平”。第三阶段是，到 21 世纪中叶实现人均国民生产总值达到中等发达国家水平，基本实现现代化。

在庆祝中国共产党成立 90 周年大会上，胡锦涛提到：“在本世纪上半叶，我们党要团结带领人民完成两个宏伟目标，这就是到中国共产党成立 100 年时建成惠及十几亿人口的更高水平的小康社会，到新中国成立 100 年时建成富强民主文明和谐的社会主义现代化国家。”

在中国共产党第十九次全国代表大会上，习近平总书记对“新时代”做了如此阐述：

“经过长期努力，中国特色社会主义进入了新时代，这是我国发展新的历史方位。”

在报告中，习近平总书记对新时代的内容进行了如此描绘：

是在新的历史条件下继续夺取中国特色社会主义伟大胜利的时代；是决胜全面建成小康社会、进而全面建设社会主义现代化强国的时代；是全国各族人民团结奋斗、不断创造美好生活、逐步实现全体人民共同富裕的时代；是全体中华儿女勠力同心、奋力实现中华民族伟大复兴中国梦的时代；是我国日益走近世界舞台中央、不断为人类作出更大贡献的时代。

同时，在报告中对两个百年的奋斗目标进行了细化，确立到 2020 年是全面实现小康社会的决胜期。从 2020 年至 2035 年的 15 年是进一步奋斗，基本实现社会主义现代化的时期。从 2035 年至本世纪中叶是在基本实现现代化的基础上，进一步奋斗，把中国建设成为富强、民主、文明、和谐、美丽的社会主义现代化强国的时期，明确指出了在中华人民共和国成立一百年时的行动目标。

读懂中国的关键词

习近平总书记通过上述五项内容描绘了“新时代”。笔者认为，这个“新时代”包含了习近平总书记的深邃思考。

习近平总书记为何会提出“新时代”？其深意何在？笔者认为，从中可以找到读懂中国的关键，也能看清迄今中国经济发展中尚未解决的课题，可以在思考“新时代”含义的同时，探寻习近平总书记的真实想法。

为此，可以思考一些有助于理解今后中国的关键词。

第一章中提及的“和平主义”在今后也会是很重要的因素。“和谐社会”“小康社会”“建党一百年”“共同富裕”“扶贫脱贫”“社会主义现代化”在政治方面非常重要。习近平主席所讲述的“中华民族的复兴”和“中国梦”指明了今后中国的发展方向。

经济方面，中国将会成为世界第一的经济大国。同时，经济发展速度将从“惊人的发展”进入“稳步发展”、从“追求量的扩大”到“质的提升”。为实现共同富裕，需要稳定而持续的发展。从经济走势来看，“中国制造 2025”“工匠精神”也不可欠缺。政府将环保视为成长发展的机会，在战略上推进环境改善的努力，也会对今后社会和经济产生重要影响。

国际方面，“中美两个大国的关系”是非常重要的，可以看到“美国的衰退”和“中国的崛起”。“一带一路”将连接中国与欧洲、非洲、丝绸之路沿线诸国，是观察中国今后行动方向的重要因素。

在“五大发展理念”指导下前进的中国

中国共产党第十八届中央委员会第五次全体会议审议通过了《中共中央关于制定国民经济和社会发展第十三个五年规划的建议》，主要内容如下：

· 经济保持中高速增长，提高发展的平衡性、包容性、可持续性。

· 到 2020 年，国内生产总值和城乡居民人均收入比 2010 年翻一番，产业迈向中高端水平。

在全体会议上，还提出以下战略：

·“两个一百年”奋斗目标的第一个百年奋斗目标就是，到 2020 年全面建成小康社会。

· 坚持四个全面——“全面建成小康社会”“全面深化改革”“全面依法治国”“全面从严治党”，同时提出“创新、协调、绿色、开放、共享”五大发展理念。创新是引领发展的第一动力，协调是持续健全发展的内在要求，绿色是永续发展的必要条件，开放是国家繁荣发展的必由之路，共享是中国特色社会主义的本质要求。

“创新、协调、绿色、开放、共享”五大发展理念是今后中国的发展方向，从中也可看出习近平主席所阐述的新时代的内容。

改革与协调

五大发展理念中，“创新、协调、绿色、开放、共享”无论哪一个都是很重要的主题。但是，其中最为重要的是哪一个呢？绿色是指自然与人的和谐。开放是在实现与国际社会的和谐与创新的基础上实现经济的持续增长。“分享”是从“先富”实现“共同富裕”转变，为此需要“协调”。

如此思考的话，“创新”与“协调”将是解读今后中国的重要概念。

革新指的是“今是昨非”。“新时代”有“不受过去束缚，创造新价值”的意思，与“今是昨非”的“革新”意思相通。

“先富”通过注视前方，一直奔跑得以实现。但是，“共同富裕”是从“我”向“你”的转变，需要改变价值观。

这也许正是社会风气的变革。社会风气的变革不是通过普通的努力就能实现的。领导人的想法和政策、管理方式也需要“变革”。政治和社会、经济的发展都需要达到更高水平后才能实现，这正是一个时代的转变。

社会的理解与接纳

笔者和很多日本人谈过中国，他们中的很多人都对中国持怀疑态度。首先，他们认为中国是独裁国家。这一观点的错误笔者在第一章已经讲过了。

另外，他们会问："社会主义国家为何会有收入差距？"很多日本人没有理解"社会主义市场经济"，也不理解作为中国人的奋斗目标的"社会主义"。因此，会用自己的想象来解读中国，并对中国持怀疑态度。

对批判中国社会存在收入差距的人，笔者会以 13 亿多人口为例来说服他们。日本的人口是 1.2 亿，大家无法理解 13 亿多人口会是什么情景。笔者曾开玩笑说，这意味着美人、好人、坏人都是日本的 10 倍。

下面想谈谈"事物发展的阶段"。日本的经济增长花了几十年，尚有很多未能解决的社会矛盾。中国的人口是日本的 10 倍以上，为此社会的发展需要比日本更多的时间。

即使这样说，对仍批判中国的人，笔者会反问：对 13 亿多人正逐渐脱贫，变得富裕起来的事实，你怎么看？而且，在日本收入差距不也在扩大吗？到这个时候，才有很多人意识到中国社会的不容易，理解"从共同贫困的社会中"走出来的艰难。

邓小平的先富论是以容忍"差距"为前提的。"共同富裕"

不是指“富裕程度的平等”。在市场经济条件下想要实现“富裕平等”是很困难的。中国为了脱贫致富，接受了“差距”，今后会走向共同富裕。

但是，在市场经济条件下实现共同富裕是非常困难的。

第一章中，笔者讲了中国发展的要因是“我也要”实现富裕的强烈愿望和能量。只要努力，“我也能做到”这种想法成为强有力的能量。

但是，通过差距成长起来的中国，今后必须走向贫富差距缩小的社会。

能够赶上市场经济潮流的人与无法赶上的人，他们的收入差距在任何一个时代都可能出现。

想要缩小收入差距，需要进行“所得的再分配”。必须强化纳税，对发展落后的人施以援手，这就需要整个社会的理解和接纳了。

“和光同尘”

从“我”向“你”的转变，同时也会是为成长发展减速的刹车。“共同富裕”的“共同”意味着“一起前行”，共同富裕社会也是“分享型社会”。“分享型社会”需要“共同分享精神和物质财富”，因此需要社会的宽容与理解。

“新时代”能否朝着这个方向发展，是非常大的课题。对

“我是我”“自我主张和自我意识”都很强的中国人而言，能否朝这个方向发展，尚有待观察。

但是，笔者认为中国必定会朝这个方向发展。这是因为中国社会具有儒家精神，而且正如下文中提到的，中国社会本质上还是一个非常有人情味的社会。

“老子”所说的“知者不言、言者不知。塞其兑、闭其门；挫其锐、解其纷；和其光、同其尘”就是“和光同尘”的理念。中国人原来追求的世界应该是舍弃欲望和自我，不夸耀自己，收敛自己的光芒。

“共同富裕”的道路与老子所提倡的“舍弃自我”的“和光同尘”理念有相通之处。孟子也说过“不好小勇”，强者虽强，高者虽高，但不过是“匹夫之勇”。中国人应该也期待着避免逞“匹夫之勇”，“琴瑟和鸣”的社会到来吧。因此，中国可以走“和平主义”道路。笔者认为中国社会文化根源的儒家精神会使中国最终走向“共同富裕”。

本质上非常“有人情味”的中国社会

日本人本来是能够体谅他人，互相照顾的非常友善的民族。但是，随着生活富裕起来，日本人的友善正在转变成“面子上的友善”。日本的确是一个会注重他人的“体谅别人的社会”。但是，过去日本人的体谅是“从心里发出的”。但如今却慢慢变成“意识到别人，形式上的体谅”。

看上去非常友善的日本社会，正在逐渐转变成心里冷漠和注重形式主义的，自我为中心的社会。

笔者最近有过这样的经历。在参观北京公园与中国朋友一起吃饭时，点的菜上晚了。好不容易菜端上来了，我们开始吃时，旁边有一位女性却说：“我的女儿等不了开始哭了，能不能把您点的分给我们一些？”

笔者观察朋友会如何反应，发现他的表情没有任何变化，就将旁边的女性当作自己的朋友似的把食物分了过去。笔者后来问朋友，怎么看旁边的那位女性。他们回答说：“没什么啊，这很正常。”

然后，笔者想象了一下如果在日本会是什么情况。也许，日本的女性做不出那位女性的行为吧。首先，太难为情了说不出口，而且也没有这样的文化习惯。

在日本的新干线上如果有婴儿哭的话，会有人向乘务员抗议，要求把婴儿带到车厢之外。乘务员也会这样跟孩子的母亲讲：“婴儿哭给其他乘客添麻烦了，请把孩子带到车厢外吧。”

带婴儿和一个小孩独自旅行的女性本就十分辛苦，但比起这种辛苦，人们首先考虑的却是“婴儿哭给周围人带来了麻烦”。

过去的日本人认为“哭是婴儿的工作”，一点也不在意。

但是，如今日本社会觉得婴儿哭是“麻烦”。

日本社会开始慢慢由“对他人的照顾体谅”变成“优先考虑自己舒适”的社会。

“觉得婴儿哭是给人添麻烦”的文化氛围在中国是难以想象的。从本质上讲，中国是非常有人情味的社会。

动摇社会主义根基的腐败

为了实现“共同富裕”，习近平推动的“反腐”非常重要。这是事关“社会主义现代化”根基的问题。

习近平政权在最初的五年，花了大量时间和精力开展“反腐斗争”。

在习主席心中一定会有“为什么要为这么低水平的问题忙个不停”的想法吧。要实现“共同富裕”和“社会主义的现代化”，需要发展更高水平的政治。这五年的部署应该是出于这样的考虑吧。

腐败与和谐社会是完全对立的两个极端。“新时代”蕴含着要改变这种社会风气的想法。

腐败的蔓延不是实现共同富裕，而是凭个人私欲独占财富。

社会主义市场经济认同财富的私有，但不认同非法的财富。

个人的欲望不能无限制地膨胀，必须有自制力和意志力。

欲望必须有所节制。腐败是动摇社会主义根基的重大经济犯罪。政治腐败会否定自身所处的社会主义环境，因此成为问题。

改革制造业的氛围

“同步”是今后中国社会很多领域都会面临的问题。

中国制造业的课题之一是“提高质量”“培养中小企业”。通过培养工匠精神，提高技术，提高质量。

为实现这一点，经营者的想法和企业的道德是很重要的。

在与笔者相关的工厂里曾经发生过这样的事情。向工厂订货的大企业出现质量问题，问题严重。于是，大企业将不良产品的损失转嫁给下面承包的工厂。如果工厂不愿做替罪羊，就要取消交易。

通过权力将自己的问题转嫁给下面的人，会使品牌质量无法提升，管理水平也无法提高。在质量问题发生之时，就应该核对现场和实物，找出原因才能提高。但是想运用权力解决问题的话，技术不会提高，中小企业也不会成长。

“共同富裕”不应该只追求结果。迈向共同富裕的过程同样也很重要。只有共同携手，才能有好的结果。

中国制造业还有一个必须克服的问题，那就是经营的不正之风以及和客户的“背后交易”。只要这个问题继续存在，企业的文化道德就无法培养起来，也无法产生工匠精神。“背后交易”会无法形成注重企业品质的氛围。

时代的转变

中国经济实现了让世界惊讶的高速发展。“个人主义”“自我本位”也是成长的原动力。但是当我们回顾中国的经济发展时，当我们获得“富裕”“金钱”的同时失去的东西也非常多。这就是以“腐败”为代表的社会道德的低下。

要实现因儒家文明而灿烂辉煌的中华民族的伟大复兴，必须进行社会变革。

从只看自己前方行走的时代，变成观察周围，与“社会”“环境”和谐的时代。这就是“新时代”。同时，这也是中国社会转型的时代。

过去在中国的经济发展中，政治体系和领导人的策略发挥了重要作用。政治引领的时代，也是人们对不断变化的中国寄予期待的时代。于是，中国步入了未知的社会主义市场经济。如果没有“政治主导”，这是无法推动的。

但是，今后的中国社会必须是以民众为主导的社会。因为即将迎来“共同携手进步”的新时代。

因此，民众成为主角，成为“被期待”“被询问”的对象。“腐败”是行贿方和受贿方共同的问题。想要改变腐败的氛围，就需要改变行贿者的想法。

在制造业的改革方面，生产流程的每一个相关人员才是主角。品质是在生产工序中创造出来的，下一道工序将是客户。把目光从自己移至对方时，才有可能改进。质量的提升不能靠政府主导来完成。因此，“新时代”是转变视角的时代，也是转变观念的时代。

中国有很多吸引世界的自然环境。但是，有时也会出现破坏自然环境的以自我为中心的情况，比如地沟油、掺水肉、假冒品牌，这些内容频频见诸报端。这样想实现和谐社会应该是非常难的。

“和谐社会”是拷问每一个民众的社会。

习近平主席应该是通过“新时代”这一提法，向民众提出对这一时代到来的期望吧。

第三节　解读今后的中国

持续成长 走向共同富裕

中国经济发展经历了以下几个阶段：20 世纪 80 年代的助跑阶段，90 年代三级跳的第一步单足跳阶段，21 世纪最初 10 年的第二步跨步跳阶段，从 2010 年到 2020 年的跳跃阶段。

从 2020 年开始将迎来“新时代”。

用人生来比喻中国经济的话，迄今为止是中国正在成长发展的青春期，今后将会迎来充实的成年期。

笔者认为，通过以下方式中国经济可以继续增长，实现共同富裕。

· 12 个要素的持续

· 新成长因素的出现

· 国际评价的上升和政治的更加稳定

· 社会的恒心化和扶贫的推进

笔者在第一章中提到的 12 个成长要素，今后也会是支撑中国经济发展的支柱。在此基础上，会产生新的引领“新时代”发展的“新的成长要素”。笔者认为“新的成长要素”包括以下五个方面：极高的潜在增长力、城市中产阶层、新消费和服务社会、“中国制造 2025”和环境。

中国政治更加稳定，也会带领中国迈入新时代。中国政治是非常巧妙的，制定独立的政策，将独特的发展路线贯彻到底。

拥有巨大人口的中国若能脱离贫困，迈向和谐社会，也会得到国际社会的好评。这会使中国的政治更加稳定。

中国还会迈向“社会稳定化”。救济生活困难者也是社会主义的使命，需要调整收入差距，让社会更加安定。

中国的扶贫工作也在急速推进之中。朝着“两个一百年”目标奋进的过程，也加速了“恒心社会”的发展。下面笔者将会谈到支撑新时代的“新增长要素”“政治稳定”和“恒心社会”。

极高的潜在增长力

日本是“一亿人口皆中产”的社会，已发展成收入差距相对较小的社会。

但是，随着新自由主义的推进，收入差距在持续扩大。现在，新的阶级分化已初现端倪。

如果经济有活力的话，收入差距会缩小，但如果经济本身没有活力，就会出现结构上的问题。日本没法摆脱通货紧缩的情况，工资没有增长，非正规用工扩大，医疗费和年金的负担导致国家赤字增加，出现财政危机。

另一方面，在政府主导下，股价上升，富裕人群和贫困人群出现两极分化。此外，繁华的东京与活力衰退的地方城市、逐渐消亡的村庄之间的地区差距也在扩大。

和日本相比，中国的潜在增长力更大，能够实现更长时间的经济增长。这也是 13 亿多人口的能量所在。

随着人工成本的上升，很多人认为中国的竞争力在下降，但是中国经济是多元化的。2016 年，城市居民人均可支配收入最高的上海和贵州省之间存在 2.16 倍的差距。强调这个差距貌似在批判中国，但差距也是潜力。正持续上升，处于青春期的中国，其潜力也在于此。

现在，中国的很多城市已经可以看到星巴克。2009 年，中国的星巴克店只分布在上海、北京、天津、重庆四个直辖市和广东、江苏、浙江省等 16 个省、自治区拢共 28 个城市，一共有 400 家店铺。没有开店的区域非常多，如今星巴克在中国 120 个城市里约有 2600 家店。10 年前没有星巴克的贵阳，如今已经有了 10 家店，在兰州有 4 家店。据称星巴克计划到 2021 年使店铺数量翻一番。“坐高铁，早上在广州喝早茶，晚上在兰州吃牛肉面”，兰州的牛肉面价格是广州的 1/4。

几年前，有拿着抹布在站台上清洗高铁外表面的女员工。时速 350 千米的高铁和抹布，是极具反差的两面。虽然有人认为这两者不匹配，但换个角度思考，这正是中国的潜力所在。

发展迟缓的中国通过引进新技术改变，这当中存在很大的希望和可能性。

贵州在过去被称为“天无三日晴，地无三里平，人无三分银”。2009 年，贵州省的城市居民平均收入为 12862.53 元，到 2016 年增长到 15121 元。随着个人收入的增加，消费也在增长。2016 年贵州省城市居民的平均消费支出与上一年同期相比增长了 13.5%，贵州的增长率远远超过了全国平均值的 7.9%。

中国农村的平均收入也在 2014—2016 年 3 年间保持了平均每年 9.4% 的增长，超过了城市居民 8.3% 的增长。农村家庭平均每 100 户的汽车保有台数为 17.4%。

随着农村的城镇化，购买住房的人群增加了，内陆地区的个人所得和消费也在增长。

中国的“潜在增长力”巨大，可以保持长时间的增长。

城市中产阶层

新增长要素的第二个是城市中产阶层的增加。

笔者在 2010 年出版的书中提到，中国在 2020 年前后将出现 5 亿人均年收入 250 万日元的家庭。年收入 250 万日元相当于 14.5 万元。城市里平均每户人家若有 3 人的话，那么人均收入为 4.8 万元。

2016 年按照 5 阶段统计的中国城市居民收入如表 7 所示。其中高收入家庭的比例约为 20%，平均收入已经超过了 7 万元。

2016 年中国的城市人口为 7.9 亿人，高收入家庭的人口为 1.6 亿人。

中上阶层的平均收入约为 4.2 万元，按照过去 3 年平均增长率 8.56% 计算，中上阶层 2020 年的平均收入将达到 5.8 万元，中间阶层的收入将达到 4.5 万元。

另外，城市居民还有很多未计入统计的收入，实际收入会更高。2016 年农村的高收入人群的平均收入为 2.8 万元，2020 年为 4.2 万元，农村家庭人口按 4 人计算的话，农村高收入户的家庭收入为 16.7 万元。因此，按照笔者的预算，2020 年中国年收入过 250 万日元（14.5 万元）的家庭人口将会超过 5 亿人。城市中产阶级将会支撑“新时代”中国的经济。

新消费和服务社会

笔者在前文中提到中国经济并非消费过少，从旅游、餐饮市场和“双十一”等日常情况就能理解到这一点。

伴随收入的增加，新时代还会成为“新消费和服务”引领经济发展的时代。解读这一趋势的关键词是：

表 7　城市居民平均每人可支配收入实际数据及预测

单位：元

收入层次	2016 年	2020 年（预测）
低收入家庭 (20%)	13004	18743
中等偏下收入家庭 (20%)	23055	32988
中等收入家庭 (20%)	31522	44905
中等偏上收入家庭（20%）	41806	58215
高收入家庭 (20%)	70348	91490

根据中国统计年鉴制作

* 2020 年的数字是以 2013—2016 年的平均增长率为基准进行的测算

· 智能手机社会

· 旅游市场的扩大和文化消费

· "90 后"

中国以令人吃惊的速度迈进了智能手机时代。微信等 SNS 已经成为生活中不可缺少的东西了。就连市场上做小买卖的阿姨们，也开始积极使用微信。从"双十一"可以看到，接连不断诞生的新商机刺激了消费。使用手机支付的无人超市开始出现。"创新"的氛围刺激了消费，使市场进一步扩大。

每年有超过 1 亿人去海外旅游，对国内消费市场带来的刺激，对今后的消费社会而言也是非常重要的。在日本，中国人的"爆买"一度成为热门话题。笔者在 2009 年出版了《中国拯救日本》一书，提出每年将会有1000万中国游客到日本旅游，拯救日本的经济，这已经逐渐成为现实。

游客在“爆买”的同时，也将海外的消费和服务信息带回中国，这刺激了国内的市场，使中国也不断产生新产品、新服务，对中国质量的提升也作出了贡献。收入的增加使中国人对文化消费的需求也在增大，在兴趣和素养、健康、美容等快乐、舒适生活的消费也在增加。

觉得“中国制造不可信”，来日本的游客们会买“电饭锅”“纸尿布”等回去。但如果“中国制造”的质量也提升的话，去日本旅游再背沉重的电饭锅回中国，就会让人觉得冒傻气可笑了。这样的时代不会太远。随着“中国制造2025”的推进，产品质量会提高，这将进一步刺激国内消费。

此外，“90后”也会带动新时代的消费。“90后”被称为领工资后马上花完的月光族，也被称为不知辛苦，是在温室里长大的“草莓族”。但他们将是拉动消费增长的领头羊。“智能手机时代”和“90后”一起孕育着无数的可能性，将会使新商品、新商机不断涌现。

随着农村收入的提高，农村将会成长为巨大的消费市场。农村平均每百户家庭所拥有的耐用消费品的数量如图17所示。空调和汽车急速普及。在农村也开始了“淘宝”时代。农村将会成为支撑消费市场的支柱。

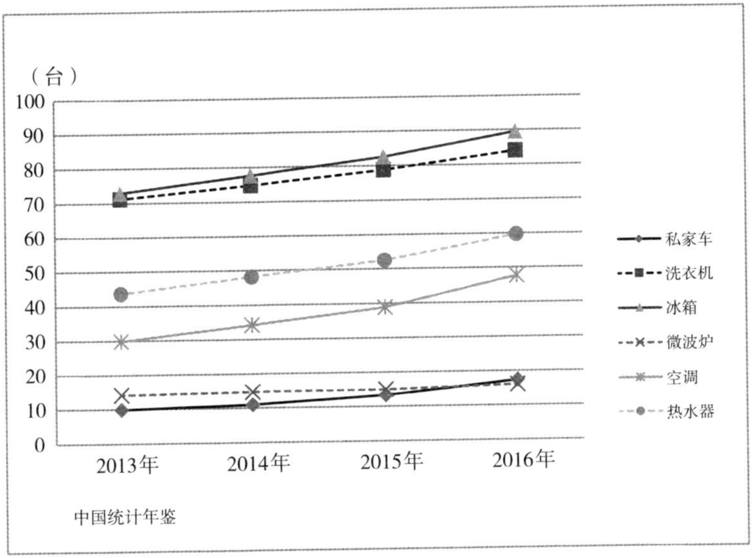

图 17 农村平均每百户家庭所拥有的耐用消费品的数量

中国制造 2025

笔者提到改革制造业的环境是非常重要的。“中国制造 2025”的发展方向，也是实现中国经济持续增长，实现共同富裕的关键。如果制造业发展顺利的话，产品的附加值将会提高。随着出口的增加，也会刺激消费市场。

“中国制造 2025”和“新消费”是支撑今后经济发展的两驾马车。两者的叠加效果将会使经济继续飞跃发展，维持近 7% 的增长率是非常有可能的。

“中国制造 2025”的发展方向受两个要素所左右：第一是新技术；第二是“制造之心”和“工匠精神”。

中国作为科技大国有创新的氛围，政府和大学都在对科技发展进行布局。今后这将出现具体效果，对“中国制造 2025”产生贡献。

伴随消费市场的不断发展，海外的新技术和新服务也将进入中国。

中国市场现在、将来都会是对世界极具魅力的市场。市场需要新的技术，新技术将会进一步扩大市场，产生叠加效应。

品质的提高光有设备和技术是不行的，还必须培养“制造之心”。去看看身边和周围，“下一道工序”将是我们的客户，以这样的想法，更加注重产品质量本身是非常重要的。

“中国制造 2025”能否成功的关键在于生产第一线是否有一颗“为他人着想之心”。笔者认为中国也能克服这一难关，其原因有三：

· “90 后”非常善于学习，能够坦率接受变化；

· 中国有将近 30 年的经验和积累；

· 中国社会有儒家精神的传统。

在“质量管理”方面进行教育是很重要的。学习“质量管理”的机会及愿意接受相关教育的态度也是非常重要的。“90后”是在“变化”中成长起来的一代人。不受旧有习惯和思维方式束缚，容易接受新鲜事物。2000 年第五次人口普查中，0—9 岁的人群约为 1.59 亿人，他们现在已经 19—28 岁了，几年后将占就业人口约 20%。他们活跃于职场将会使职场的氛围出现变化，管理技术也会随之提高。

20 世纪 90 年代后的 30 年，是中国学习海外技术的时代。从海外学到的各种技术提高了中国产品的质量。中国品牌车的性能、设计都有所提高，手机和家电产品的质量也在不断进步。与此同时，质量管理技术也在提高。中国工厂的质量管理人员的知识和分析能力也在提高。中国的制造工厂，已经有了这方面的积累。接下来的是如何将这些经验积累与现场管理和品质提升结合起来。此外中国还有儒家精神的传统，这将会对“制造之心”产生何种影响，笔者将在后文中提到。

环境

“新时代”里经济发展的能量，将成为潜在增长力。今后中国经济也将稳定增长，其中的一个要素是在环境治理方面作出的努力。

在 2009 年 12 月举办的《联合国气候变化框架公约》第十五次缔约方会议中，中国提出了异议，当时中国的何亚非副外长讲“我们才刚刚上桌，仅仅只喝了一杯咖啡，要求我们和已经吃饱饭的人共同埋单，我们很难一下子就答应”。日本、美国、英国都是在发展过程中已经吃饱的国家。日本在经济高速增长期还曾面临过多起环境诉讼。

随着经济的发展，中国开始急速地城市化。城市化一方面会破坏环境，另一方面也会使城市居民的环保意识增强。根据中国的环境调查，20 世纪 90 年代末期城市的生活污水负荷超过了工业废水对环境污染的影响。随着生活水平的提高，民众也开始意识到环境保护的重要性。现在中国各地都有因居民投诉噪声、臭味等而导致工厂关门、倒闭的案例。这在日本也是频繁发生的事情。

五大发展理念中的“绿色环境下的和谐发展”是重要的政治目标。为此，政府在环境保护方面的措施是非常严格的。深圳市某家涂料工厂因为未能将涂料改成水性涂料，而被迫停止生产。据说在中国还将引进在日本也没有实施过的餐饮行业废气排放规定。因为涂装工程的废气处理没有进展，电子工厂的施工停止的案例也多了起来。主要城市里有排水处理设备许可的住宅区外的镀金加工也被禁止了。拥有最先进环境处理技术的欧洲、日本企业也在中国采取相应的对策，同时也使中国企业的技术提高了。

在日本有很多对中国在环保方面的努力不太看好的媒体和观察人士，这只能说明他们还不了解中国。因为 PM2.5 问题，包括北京市政府和周边城市在内，都在推动环保政策，结果北京的空气有了惊人的改变。

为了实现和谐社会，环境相关市场持续扩大，这将会支持中国经济今后的发展。

中国 2005 年通过了《中华人民共和国可再生能源法》，开始推进太阳光、风力、生物发电等国家政策。2009 年国务院制定了到 2020 年为止单位 GDP 的二氧化碳排放量比 2005 年削减 40%—45% 的目标。

2010 年成立了国家能源委员会，温家宝总理亲自担任主任。

随着农村的城市化推进，农村也进入有车、有空调的时代。

随着旅游市场的扩大，运输上的能源消耗也在持续扩大。

中国远远超越了日本，成为“可再生能源大国”。

如图 19 所示，中国也在急速推进风力发电设备的安装。目前中国已经成为世界第一的风力发电国。今后产业升级会加速，与能源相关的产业将会成为核心产业。

中国在 1971 年科学实验卫星“实践一号”上使用了天津能源研究所开发的太阳能电池。中国的海岸线以及辽宁、山东半岛、甘肃、内蒙古、新疆等地，地上 50 米风力能源密度达到 300w/ ㎡的面积有 54 万平方千米。西藏、青海、新疆草原和沙漠的太阳辐射量非常大，是适合太阳能发电的地方。内蒙古草原上“草原和风车”已经成为一道风景。

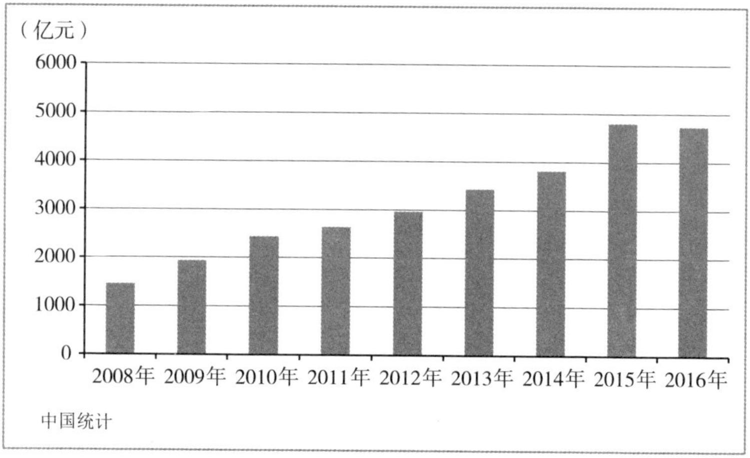

图 18　财政环境和节能支出额的推移

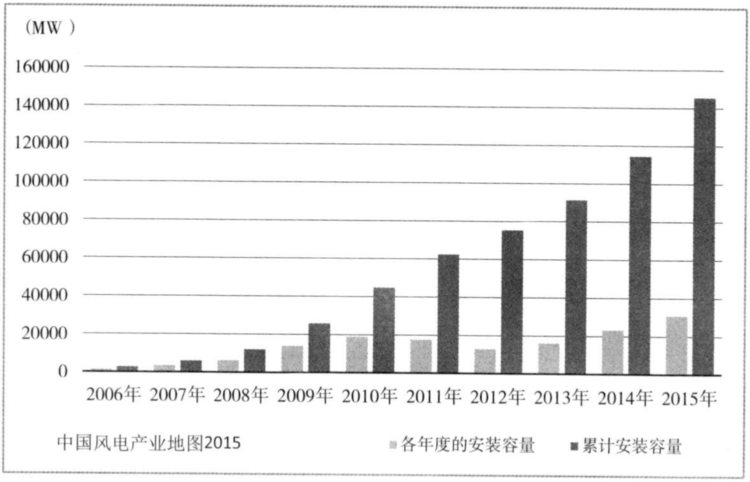

图 19　中国风力发电机安装容量的推移

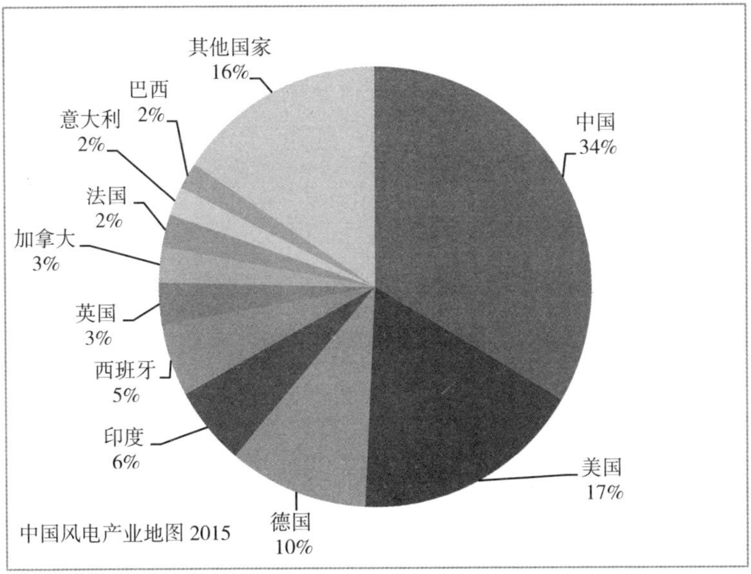

图 20　风力发电机累计安装总量的国别比较

新能源汽车大国

中国现在已经从燃气车向电动汽车转变，成为世界第一的电动汽车市场。2016 年纯电动汽车的销售台数为 25.7 万辆，与上一年同期相比增长 121%。截至 2017 年 9 月的累计销售总数为 39.8 万辆，和上一年同期相比增长了 37.7%。

北京和深圳的政府公用车和公交车也更换成电动车。在深圳，出租车也开始使用更多的电动汽车。

2010 年国务院决定投资 1000 亿元进行新能源汽车的开发，东风、长安、航天、普天等企业联合，开始电动汽车开发的竞争。长安汽车的新能源战略“香格里拉计划”决定在2025年停止传统燃油车的销售，全面转成纯电动车和混合动力车。同时公布截至2025年将投资1000亿元用于新能源车产业链的投资。上汽集团为2020年制定的新能源汽车销售目标是60万台，截至2022年将投入200亿元。

电动汽车普及的关键在于行驶距离和充电桩。长安电动汽车的行驶距离目标是600千米。目前北京的北汽EU已达到400千米，奇瑞爱润泽5e达到420千米，上海汽车荣威ERX5EV400已达到425千米。北京奥运会上已经有595台各种新开发的新能源汽车投入使用。

在中国，作为国策推动的领域进展会非常快。在北京，因为购车的限制，如果不够买电动汽车，购买燃油车会比较困难。此外，在行驶距离增加、政策和补助等因素的推动下，纯电动车代替燃油汽车只是时间的问题。

中国国产的电动汽车因为行驶距离的增加，人气很高，引领整个市场。

图21是2017年9月各品牌的新能源汽车的销售台数。中国正在引领世界新能源车的市场，随着新投资的出现，将会引领今后的中国经济。

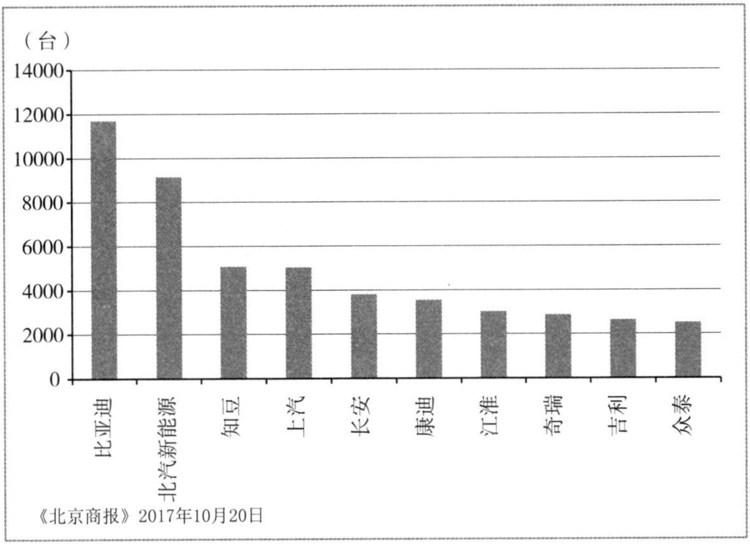

图 21　各品牌的新能源汽车的销售台数(2017 年 9 月)

国际上对“中国政治”的评价

中国确实在推进着全民的“共同富裕”。首先，城市收入和农村收入的差距在缩小。而且，城市和农村在 2020 年都将实现比 2010 年收入翻一番。

“小康社会”逐渐实现，民众会更有自信心，对政府的信任也会更高。

另外，国际社会对中国的评价也在发生改变。笔者在日本，曾对总是批判中国的人讲，不要光批判，也应该正面评价中国在中国共产党领导下，民众实现脱贫的现实。最近能理解这一点的人多起来了。曾经否定看待中国的日本、美国媒体也开始有所反省，重新开始评价中国，对中国政治的关注度更高了。

拥有 13 亿多人口的国家在短时间内，没有经历社会动乱就实现脱贫，这在世界历史上也没有先例，应该被称作“中国的奇迹”，获得赞誉吧。

中国奇迹般的发展，对正在致力解决贫困问题的非洲等发展中国家是一个榜样。

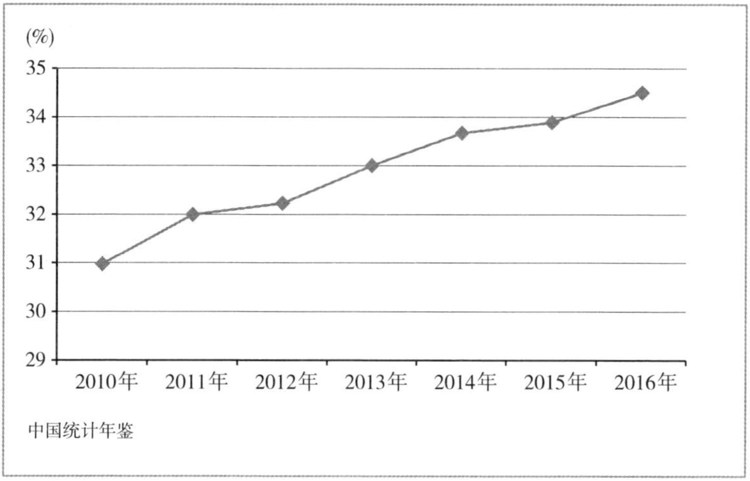

图 22　农村收入占城市收入比例的变化

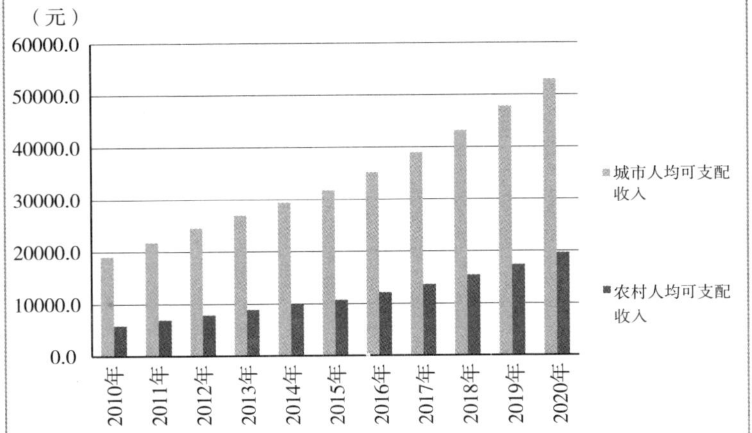

图 23　城市和农村人均收入的实数和预测

对和平发展道路的理解

中国的和平发展道路是指中国坚持独立自主的和平外交政策，以和平共处五项原则为基础，和所有国家发展友好合作关系。中国将会更进一步在世界上拓展朋友圈。

“和平发展道路”旨在通过合作实现持续发展，实现和国际社会的互惠与共同发展。

和平治理拥有广袤国土和多民族的中国，需要有“中正不易之心”。“中庸”和“调和”是圆满治理中国问题的政治精髓。

车轮是圆的，才可以向前转动并前行。中庸与调和应该是中国政治的核心精神。通过中庸、调和实现的奇迹般发展，有助于国际社会理解中国的“和平发展道路”。

习近平主席在联合国日内瓦总部的演讲中提到“和羹之美，在于合异”，阐述了对人类文明多样性的尊重。“不同历史和国情，不同民族和习俗，孕育了不同文明，使世界更加丰富多彩。文明没有高下、优劣之分，只有特色、地域之别。文明差异不应该成为世界冲突的根源，而应该成为人类文明进步的动力。”

习近平主席还讲了下面一段话：“瑞士作家、诺贝尔文学奖获得者黑塞说：‘不应为战争和毁灭效劳，而应为和平与谅解服务。’国家之间要构建对话不对抗、结伴不结盟的伙伴关系。大国要尊重彼此核心利益和重大关切，管控矛盾分歧，努力构建不冲突不对抗、相互尊重、合作共赢的新型关系。只要坚持沟通、真诚相处，‘修昔底德陷阱’就可以避免。大国对小国要平等相待，不搞唯我独尊、强买强卖的霸道。任何国家都不能随意发动战争，不能破坏国际法治，不能打开潘多拉的盒子。核武器是悬在人类头上的‘达摩克利斯之剑’，应该全面禁止并最终彻底销毁，实现无核世界。要秉持和平、主权、普惠、共治原则，把深海、极地、外空、互联网等领域打造成各方合作的新疆域，而不是相互博弈的竞技场。”

美国威信下降和对中国信任的提高

中国走向“共同富裕”与美国的政治成为鲜明对比。

特朗普总统和美国的威信都在持续下降。号称自由开放发展的国家，却实行管制与保护、歧视主义，其威信下降也是情理之中的。

对自己有利时，提倡“自由主义”，对自己不利时，就打“保护主义”的旗号。

美国的自由主义其实是“随便主义”。国际社会对这样的美国会产生不满，甚至会有厌恶感吧。

美国威信的下降与对中国信任的增加是同时进行的。追随美国的日本评价也在下降。习近平主席提到“核武器是悬在人类头上的‘达摩克利斯之剑’”，日本的河野外务大臣却对正在扩张核武器的美国赞誉有加。

邓小平提到“永远不称霸”和“不当头”。即使中国不愿当头，国际社会也不得不承认中国“当头”的时代已经到来。

现在人们称“中美两大国时代”，将逐渐丧失威信的美国与中国相提并论，对中国是失礼的。中国按照独特的“大国”“王道”之路在发展。

国际社会对中国的评价从对亚投行（AIIB）的态度就可以看出一二。日本追随美国，持观望态度，没有参加。日本国内的报道也是担心未来，对 AIIB 持否定态度的论调非常多。

但是，看到2017年“一带一路”国际首脑会议的情况，日本政府内部也有肯定的意见，2018年，安倍首相也开始进行积极正面评价了。

拥有13亿多人的中国对世界的影响非常大。欧洲和美国也不能忽视中国的存在了。中国已经具备堂堂正正发展“王道”的环境了。

扶贫攻坚

随着农村现金收入的增加，农村在收入增长率上已经超过城市。

农村的大米和蔬菜都是自家种的，生活成本也很低。现在农民生活也富裕了，能在国内旅游或出境旅游的农民也吸引了大家的目光。甚至有人开玩笑，希望变成农村户籍。

特别是城市近郊的农村尤其富裕。很多农民每年能从村里的企业领取高额的分红收入。用这些收入盖起公寓楼，收房租的人也多起来了。这些收入到底在多大程度上反映到了农民收入的统计数字中呢？就这一点上讲，城市和农村的收入差距也比统计数字要小。

与笔者有关的广东农村工厂，从事制造的普通工人都是当地农家的年轻人。他们每个月的工资包括加班费在内超过6000元的人不在少数。

即便如此，还是有人毫不犹豫地辞职。

农民工中，不再给家乡的父母寄钱的人也多了。开车到农村转一圈，你会发现装有热水器的三层小洋楼非常醒目。从这些变化中，也可以实际感受到农村生活越来越富裕了。

当然因为中国幅员辽阔，也的确存在贫困村的问题。

但是，中国通过“精准扶贫”政策，以很快的速度在推进“扶贫”（生活困难者的救济）工作。通过最低生活保障对贫困者进行救济，保障住房、棚户区改造、农村教育、就业援助、医疗救济、卫生水平的提高、农村厕所改造等具体措施也在推进中，“贫困村”正在减少。

经济持续发展使民众对政府的信任度也非常高，“扶贫”得到了民众的理解和拥护。

中国的政治是中央和地方联合共同推进的。为了实现小康社会，地方也有 GDP 增长任务、社会安全任务、城市和农村居民收入目标、住宅面积指标等具体目标，目标和实际的差额也会被公示。

根据 2010 年的标准，年人均收入在 2300 元以下的人群为贫困户。2010 年贫困人口为 16567 万人，占据总人口比例的 17.2%，2016 年减少为 4335 万人，占据总人口比例 4.5%。

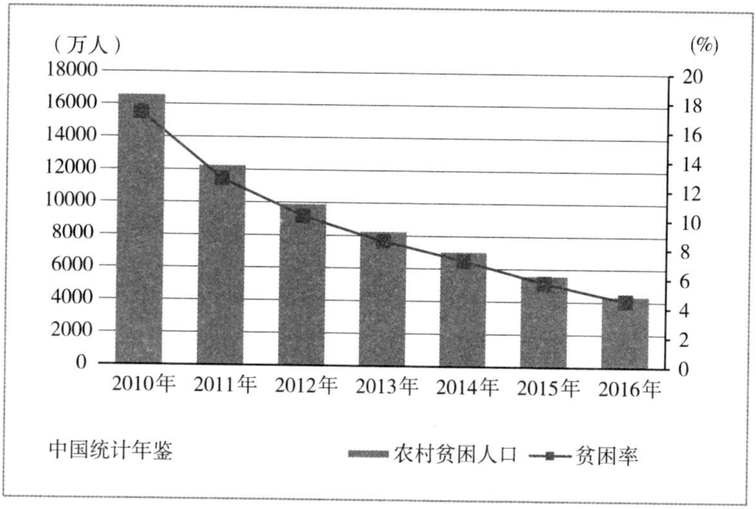

图 24　农村贫困人口和贫困率的变化。

社会安定化

孔子讲“忠”“恕”，即不局限于自己，而是对天道的忠实之心、对他人的体谅和关爱之心，“有杀身以成仁”之说。而且中国人讲“过则勿惮改”“学则不固”，讲究理性，路线和方向的修改也很快，学习吸收后如果能够认同，则很快付诸实践。

因此，中国社会具备自洁能力。

随着经济的发展，收入也在上升。孟子有云：“有恒产者有恒心，无恒产者无恒心。”恒产会使生活富裕，能让人安居乐业，心里也会从容，能够顾及脚下和周边的人与事，“仓廪实而知礼节”。

通过留学和海外旅游，拓展国际交流的圈子，从海外也会学习很多东西。

笔者2016年参与发起了“国家创新与发展战略研究会”，在上海虹桥机场举办了3个月的日本企业技术展“关西·北陆企业展”。

“中国制造2025”之中提倡工匠精神，开始关注“精神”层面的中国经营者也越来越多了。

为此，笔者得到松下幸之助创设的PHP研究所和京瓷的帮助，介绍了松下幸之助和稻盛和夫的“经营和制造之心”的展示，邀请PHP研究所的佐藤专务在会场进行了题为“松下幸之助的经营之心”的演讲。

在中国，松下幸之助和稻盛和夫的著作很有人气，各地都有举办学习他们经营之道的学习会。

访问日本京都松下幸之助资料馆的中国经营者也在年年增加。去高野山追思空海的中国游客也非常多。

有一位和笔者有过交流的中国青年经营者曾这样讲：

“中国和西欧的文化各有优点。重要的是对两种文化的包容程度。我自己对松下幸之助先生、稻盛和夫先生的经营哲学非常钦佩。中国年轻的经营者带着创业意识和责任意识去学习，在崇高信仰的指导下，自我磨炼。自己在道德修养层面也要追求内圣外王的精神境界。”

内是指修炼人格，积累修养。外是指修身齐家平天下的儒学精神。中国的经营者佩服松下幸之助和稻盛和夫，是因为他们的进取精神与正在日新月异进步的中国相吻合，他们的人生观、经营理念与儒家思想相吻合。随着“社会趋于安定化”，“共同富裕”也会进一步推进。如果大家能更早一点理解“制造之心”，那么“中国制造 2025”也会顺利推进。

第四章

为何日本会一蹶不振

第一节　“政治的轻率”和“诚实的丧失”

日本从停滞走向没落的七大原因

笔者在分析中国经济成长的要素时，也意识到日本衰落的原因。过去“Japan as NO.1”曾风靡一时，但是随后却急剧走下坡路。在第四章中，笔者分析了其原因，并告诫中国，要借鉴日本的经验，避免重蹈日本的覆辙。

笔者将中国和日本的政治、社会风土人情、中国人和日本人的特质进行比较后，分析了日本走向衰落的七个原因。

1. “政治的轻率”和“认真诚实的丧失”
2. 没有“亚洲的矜持与骄傲”
3. 债务累累
4. 战略的缺乏
5. 囚在内部的社会氛围
6. 害怕风险
7. 与成长中的中国打交道的“迟缓”

缺乏“节操”的国家

在日本现在的执政党自民党中，否认侵略、拒绝谢罪的右翼议员很多，对此笔者已经在第二章中进行了阐述。

“以钓鱼岛问题为引子，中日友好关系被破坏，点燃这一导火线的就是石原慎太郎东京都前知事。”否认侵略，经常说出攻击中国的言论的石原知事也属于自民党里对中国比较强硬的派系“青岚会”。

石原前知事在退出政界的记者招待会上，提到他在从政时代最想做的事情是“和中国打一场战争并打赢”。这样的人担任了国际化都市东京的长官，日本的衰落也是情理之中的事情。

在石原前知事时期，推动“新银行东京”“筑地市场迁移”等项目，造成了巨额损失。他在担任都知事时期，高额的海外出差费用，还有高级料理店的个人消费却用公费报销也频遭非议。这些项目也只能半途而废，与右翼相关的日本黑暗势力潜藏在其中。石原前知事被追问责任，也只是找借口说“我委托了专家来处理，我自己没有责任”。这种人没有高尚廉洁的人品，只是凭一张嘴在混。否认侵略、谢罪的政客现在仍然处于日本政权的核心。安倍首相的思想深处也是这样的看法。首相自己从来没有提过侵略、谢罪，而是言语含糊地一笔带过。首相在甲级战犯追悼纲要中，称战犯为“国之柱石”，而且参拜了靖国神社。

在日本，孩子如果做了坏事的话，会被教导“要坦诚地道歉”。笔者也被自己的祖母和父母这样教导着成长起来。这是日本人“诚实”的根基所在。

“诚实”是指“坦诚而真挚的态度”，但是否认侵略的政治家和知识分子缺乏这样的态度，将“谢罪之心”污蔑为“自虐史观”。

“谢罪”需要“心里的重担”，要有背负十字架前行的心理准备。拒绝谢罪，也就是对“背负心理重担”的逃避。

为了掩盖这种想追求“内心轻松”的想法，就用“自虐史观”来攻击他人。

孔子的弟子曾子曰“任重而道远，仁以为己任”，讲述了虚己待人，遵循天道的“忠”、体谅他人的“恕”，即“仁之道”的路途遥远，且责任重大。攻击“谢罪之心”的人，既缺乏对天地大道的“忠”，也缺乏对他人体谅之“恕”。“君子喻于义，小人喻于利”，意思是“心胸狭隘之人不讲仁义，只执着于自己的私利”。

“谢罪”是一种“了结”，就如竹节。竹子正因为有“竹节”，才能在狂风中存活下来，向着天空生长。而谢罪就是对过去的罪行进行清算，然后才能堂堂正正地面向明天。

日本的现状是偏离了《中日和平友好条约》的理念，右翼政治成为主流。对侵略和谢罪的否定意味着日本变成了一个没有“节操”的国家。

没有“节操”的国家是不可能在世界上得到好评的，而且这会影响到社会的很多方面，也成为日本社会失去“诚信”的原因。没有“节操”意味着没有信念。用人体来做比喻，“节”是指“脊柱”，脊柱弱的话，就没法自立，因此日本会追随美国。没有信念的话，就没有自信，因此会“故步自封”，变得保守。日本社会与中国社会的“创新”朝着相反方向发展，逐渐走向没落。

政治的轻率

中国的政治是同人口压力的战斗。面对庞大人口的压力，中国政府克服了重压，使国家得以向前发展。

但是日本的政治缺乏紧张感，所以显得非常轻率。

安倍政权推行的经济政策正是轻率的表现。将日本银行卷入其中，通过购买大量国债，同时利用国民每年预存的年金基金操纵股价，提高物价，想轻轻松松地实现泡沫经济。

日本曾有过“泡沫经济崩溃”的惨痛经历，“迷失的二十年”给日本带来了巨大的创伤。

“泡沫”会破坏日本人心底深处的“认真与诚实”。社会也逐渐丧失“提倡诚实认真努力”的价值观，慢慢变成憧憬一夜暴富的社会。从人们纷纷去购买投机式的“虚拟货币”就可以看到这一趋势。

日本政坛也出现了让人质疑其“诚实性”的事件。

其中之一就是由安倍首相夫人担任名誉校长，安倍首相也对其教育精神非常认同的“右翼幼儿园”开办的小学，接受国有土地无偿转让的问题。这个幼儿园是让孩子们唱战前的军国主义教育的“教育诏语”，给孩子们灌输“安倍首相，请建设起强大的日本，保护日本不受中国侵略”这样右翼思想的幼稚园。还有一件是关于兽医大学认证相关的事件，让人质疑安倍首相给自己的朋友“行方便”。

这些事件里包括各个方面的问题。但笔者认为最大的问题是日本政治的轻率。

中国俗话称：“瓜田不纳履，李下不整冠。”

安倍首相利用自己的权力“无偿转让国有土地”和“为朋友进行特批”，作为一国领导人的态度和诚信，受到日本国民的质问。首相自己“瓜田纳履，李下整冠”，忘记了作为政治家的认真与诚实的底线。

日本小学从 2018 年开始，中学从 2019 年开始将“道德”作为正式的教学科目。安倍首相下大力气推进学校道德教育和爱国主义教育；自己一方面破坏“诚信”，一方面却在学校推行道德教育，这就是日本政治的轻率之处。老子云“道可道，非常道”“大道废，有仁义”。日本的政治丧失了大道，却去追求仁义、道德。政治缺乏诚信，社会亦必受其害。

世袭

日本国会议员是通过各个选区选出来的，比起全体国民，更优先考虑各个地方的利益。

2017 年大选后，安倍内阁的成员有一半是二代、三代世袭的议员。和歌舞伎、茶道相通，日本的政治也存在着世袭。

中国的政治家需要考核其地方从政的经验，但是日本的政治家大多缺乏社会经验。只是继承地盘，受到支持者的保护进入政坛。没有经历过艰辛，就像是重复近亲结婚一样，在重复的过程中，政治能力日益衰弱。

社会是多元化的。只有经受社会的洗礼，积累经验，才能具备看清事物本质的思考能力。如果缺乏社会经验，就会影响政治判断力。

安倍首相大学毕业后，在企业工作了 3 年，就当了其父亲的秘书，之后成为政治家，经受社会洗礼的经验相当少。

还有大学毕业后，通过“政治塾”的学习进入政坛的人。

多次参拜靖国神社的前总务大臣高市也是在大学毕业后，通过在政治塾学习了几年就步入政坛的。

纸上谈兵地学习政治，看不清世界的多样性，容易变得以自我为中心，进而变成狭隘的国家主义、民族主义。

世袭议员中因为女性问题和私德上的丑闻而下台的议员非常多。政治家的软弱，政治家的人生经验不足也成为日本没落的原因。

社会缺乏“认真与诚实”

政治和社会是密切关联、不可分割的。政治轻率的话，社会也会变得轻率。笔者将日本经济高速成长时期的第一和第二原因都归结为“国民的认真与诚实”。日本的政治深深受益于“国民的认真与诚实”。

日本也有“温水煮青蛙”的谚语。将青蛙丢入水中后，慢慢加热青蛙便会很舒服地睡着，当感觉到热时已经晚了，这常常用来比拟难以适应环境变化的企业或者人。沉醉于“制造业大国的骄傲之中”，慢慢变成“温水煮青蛙”，这正是如今日本的写照。

最近发生了代表这种状态的典型事件。

每两年举办一次的“技能奥林匹克（技能奥林匹克国际大会）”上，2017 年大会中国获得了 15 块奖牌位列第一，第二位是瑞士的 11 枚奖牌，第三位是韩国的 8 枚奖牌，日本仅获得 3 枚奖牌，位居第 9 位。日本自 2007 年大会获得第一以来，慢慢远离了冠军的宝座，2017 年后退到第 9 位。2009 年、2013 年、2015 年这三年都是韩国获得第一。

日本国内还发生了东芝的会计丑闻，日产和斯巴鲁汽车让无资格人员检验汽车成品的问题，神户制钢所数据造假问题，新干线在车辆检查和应对故障方面的疏漏，川崎重工在生产新干线时违反作业操作手册等问题，象征“制造大国”没落的事件频频发生。

其根本原因在于“认真与诚实”的丧失。

这些在日本社会的很多方面都有体现。“制造业大国”是靠“认真与诚实”支撑的。但如今日本社会丧失了“认真与诚实”，这与政治的轻率几乎同时在发生，支撑日本的“认真与诚实”氛围变得淡薄，这将使日本走向“没落”。

第二节　没有“亚洲之矜持”的日本

安倍首相在美国国会的演讲

在第一章中，笔者提到了习近平主席在日内瓦的演讲，将其内容与安倍首相在美国国会的演讲进行比较，就能看出日本政治的“轻率”，能看出日本是“看美国的脸色行事”，“完全没有亚洲的矜持与骄傲”。

2015 年 4 月安倍首相演讲内容的摘要如下：

“在来到这里之前，我访问了第二次世界大战纪念馆，那里凝聚着死者家人的痛苦、悲伤和爱。这些英年早逝的美国年轻人本应有一个幸福的人生。我忍不住思考起这些阵亡的年轻人失去的梦想和未来。历史是严厉的，过去之事无法抹去。我谨代表日本和日本人民，向第二次世界大战期间死去的所有美国亡魂，致以深深的敬意和永恒的哀悼。

“在第二次世界大战后，我们重新上路，牢记对第二次世界大战的深切懊悔之情。我们的行为使亚洲国家的人们饱经苦难。我们一定不能无视这一切。我将支持历任首相在这方面所表达的观点。”

中国人听到这样的演讲会如何想呢？

在第二次世界大战日本给亚洲造成的苦难中，中国的受害是最严重的，是不能用“造成了苦难”这么分量轻的一句话带过的。

既然能向所有美国亡魂致以永恒的哀悼，为何不能坦率地提及中国的名字，说出道歉的话语呢？而且比起美国，应该先到中国向因日本侵略而失去生命的中国亡魂致以哀悼。自己不说道歉的话语，却以“支持历任首相在这方面所表达的观点”一句话带过，能看出安倍首相内心的贫乏。

而且安倍首相还在演说中，对中国进行了批评。

“美国和日本必须发挥领导作用，建立一个公正、有活力、可持续的、不受任何国家专断意图影响的市场。”

安倍首相为何要在美国的演讲中批评中国呢？而且他在演说中提到“我们不能忽视血汗工厂或经济发展给环境造成的负担”，批评中国的劳动条件和对环境造成的影响，这只能说明首相对中国劳动环境和在环保方面取得的进展的无知。

笔者在中学时期，大阪曾被自豪地称作“东方的曼彻斯特”“烟雾之都”。日本工厂排出的废水造成了水俣病，以及四日市公害哮喘等，日本也曾经历过环境方面的公害问题，慢慢治理后才有了现在的环境。当时日本的 PM2.5 都是直接飘进太平洋。

如今环境先进的北九州市也曾经是烟囱林立，数百米之外完全看不见的惨淡情景。

日本在环保方面是属于“先吃饱了”的国家。考虑不到这些问题，特意跑到美国，在公开场所批评中国，只能说明首相缺乏思考的深度，和习近平主席在日内瓦的演讲相比，就能知道安倍首相演讲内容的轻率。笔者认为安倍的演讲只是高中生作文的水平。

看美国脸色的政治

在美国国会的演讲中，安倍首相还讲了下面的一段话：

“没有美国的领导，战后世界的和平与安全是无法实现的。回首过去，我高兴地看到，日本在过去的每时每刻都作出了正确的抉择，那个抉择就是选择一条道路。也就是，日本与美国结盟，作为西方世界一员前行的道路。”

言语中没有任何的分量，也没有亚洲的矜持，只是一个劲儿地讨好美国的演说。

“因为美国投的原子弹爆炸使无辜的日本市民失去了生命”，如果说不出让美国反省的话语，至少应该去质问美国在去核化方面所作出的努力。这才是亚洲的矜持。

日本是世界上唯一一个曾遭受原子弹爆炸的受害国，但是却没有参加“禁止核武器条约”的谈判。比起“原子弹爆炸受害国”的职责，更优先考虑的是“美国的脸色”。

将世界简单地分为“西方和东方”，紧紧追随美国的政治，有很大的风险。为了将追随美国变得正当化，安倍首相故意以对立的视角来看待中国。

2018 年美国发表了“核态势评审报告”，公布即将引进潜水艇发射弹道导弹的新型小型核弹头。对此，河野外务大臣进行了“高度评价”。在日本现今仍有人对核爆余悸未消之际，河野的惊人之语真是令人目瞪口呆。

河野大臣的话语，既没有气概，也没有理念，只是对美国摇尾乞怜。这种忠犬式的外交会将日本带入泥潭。

与安倍首相的演说相比，习近平主席的演说是非常包容的，并没有指名道姓地指责日本的侵略，只是引用孔子的话语，讲述中国的和平主义。从两者的演说中可以看出政治家度量的差异，高下立判。

不能与成长的亚洲团结合作的日本

亚洲是世界的增长中心。今后日本的经济若想发展，和以中国为首的亚洲国家之间的关联将成为最关键的要素。

从 2016 年的 GDP 增长率来看，中国是 6.7%，印度是 7.1%，马来西亚是4.2%，菲律宾是6.9%，新加坡是2%，泰国是3.2%，越南是6.2%。未来预计各国会有更高的经济增长率。

日本若要和亚洲共同进步，就需要理解亚洲，拥有作为亚洲国家的矜持和骄傲。

中国是亚洲增长中心的核心，想要和亚洲增长中心有很好的关联与合作，必须和中国保持良好的关系。

但是，正如笔者在第二章中所述，安倍首相缺乏与中国建立真正友好关系的意愿。从未自己主动说过对侵略的谢罪，在美国国会的演说中也是在批评中国。对将和中国的对立作为政治手段来利用的政治家，期待和他建立真正的友好关系是不现实的。

第三节　债台高筑的日本

财政收入的 38% 用于偿还债务

2016 年年末日本的债务总额，包括国家和地方在内，共有 1063 兆日元。国民平均每人约有 842 万日元的借债，如果是一个四口之家，那么将会有 3366 万日元的借债。

国债费（偿还债务和支付利息）占国家财政一般会计年度支出总额的 24.4%。以家庭为单位进行换算，相当于家庭收入的 38% 都用来偿还借债。

因为偿还借债和利息支出，本就捉襟见肘，不仅如此，仍然进行新的借债，这就是日本财政的实际状况。

根据政府的经济财政咨询会议（议长安倍首相）制定的财政健全化指标，日本基础财政收支实现盈利的计划时间原本是 2025 年，现在延期至 2027 年。因为借债的持续增加，所以不得不推迟财政健全化的时间。

提出一些根本没法实现的政治口号，等到兑现的时间到来时，再往后拖延时间也是安倍政权的一大特色。

2017 年基础财政赤字是 18.5 兆日元。虽然财政赤字年年增加，但是防卫相关的费用却连续 4 年在增长。不断从美国购买反导导弹等防卫装备的举措仍在持续。

很多政治家有这样的想法：反正借债将由后来的世代来背负，到那个时候自己已经不在了，所以无所谓。因此，尽管日本已债台高筑，但借债仍然在持续。对此有危机感的政治家非常少。

日本的国力和信用在慢慢下降，问题凸显出来后，他们通过日本银行操作股价，制造经济恢复假象，靠债台高筑维持现今生活的日本，但很多人仍然觉得“只要现在好就行了”，这就是日本真实的现状。这也正是日本社会失去“认真与诚实”的真实写照。

国家在教育文化和科学技术上的支出，中国为 20%，日本为 5.5%。

图 25、图 26 是中国和日本的财政支出方面各领域所占比例的示意图。中国是 2016 年的预算，日本是 2018 年的预算，且中国的数字是中央和地方的总值。

中国在教育与科技振兴方面的支出占财政支出的 20%，日本占 5%。日本财政赤字在持续，国防费用增加的同时，只能削减教育与科技振兴方面的预算。

第一章中提到，中国每年将财政支出的一定比例投入科技振兴的预算。因此，财政收入的增加和在科技振兴方面预算的增加几乎是相同的。也就是说，是有计划地对科技发展进行战略投资。日本 2018 年教育与科技振兴方面的预算增加率只有 0.1%。在能源对策和中小企业振兴方面的预算分别减少了 4.7% 和 2.2%。财政支出的 24% 是用来偿还借债的利息。要增加国防费用，就只能削减这方面的费用。

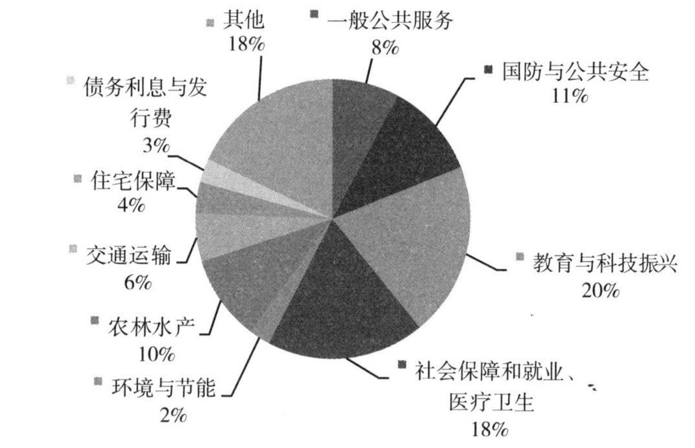

根据中国统计年鉴制作

图 25　中国财政预算支出的各项目比例（2016 年）

与中国迈向“共同富裕”相反，日本今后在社会福利方面的费用也会削减。随着老龄化社会的到来，年金的支付会进一步给财政造成压力。政府为了减轻负担正在通过延长退休，推迟支付年金的时间。

疲于偿还借债的日本，和每年投入固定比例用于科技振兴的中国，到底谁会变成强国一目了然。

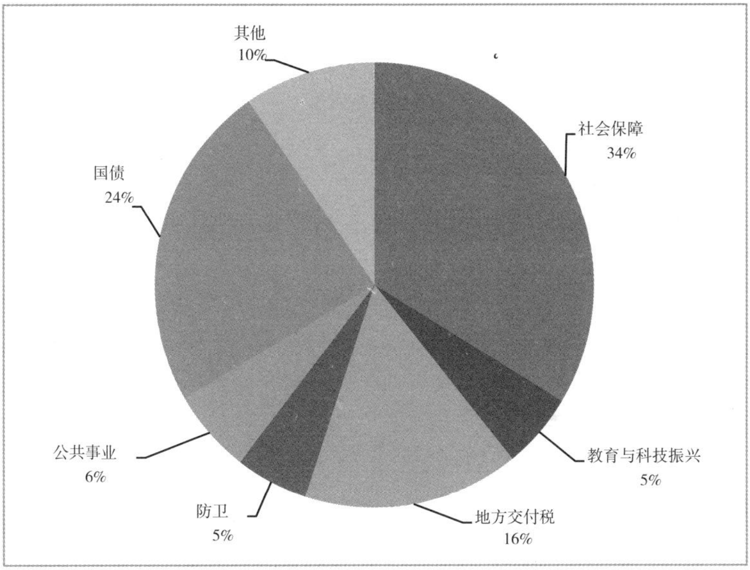

图 26　日本一般会计年度支出经费概算额比例（2018 年）

第四节 战略的缺失

渴饮盗泉水

为何日本会缺乏战略呢？有很多原因，与中国的成长进行比较可能会更清楚。

笔者在第一章中将中国战略强大的要因归结为四个方面：地理因素、从零起步、巨大的人口压力、务实的政治。再加上有创新的历史传统、政治体制的稳定使政策有延续性、崇尚“领先、与众不同”的社会氛围，这些要素也是一方面的原因。

反观日本，“政治家信念的淡薄”和“依赖美国”是日本缺乏战略的重要原因。

中国的政治家面临巨大的人口压力，压力下的磨砺与思考，使他们得到锻炼和成长。但是日本的政治家却是受“地盘的选民”所支撑的。

因此，中国的政治家和日本的政治家在考虑政治时，心里的认真程度有很大的差异。而且依赖美国也会让日本缺乏自主性和战略。

“防卫费用的削减”“去核化”“可再生能源的转变”“东亚共同体”“削减核武器”这些重要大事都因为日本对美国的“忠犬外交”而无法向前推进。

盲目地追随美国，像特朗普总统愚蠢的政治推进有可能将日本带入危机之中，导致日本的没落。

缺乏战略的日本政治只图眼前的安逸。经济方面依赖金融，通过举办世博会甚至准备引进博彩业，渡过一时的难关。

正如中国晋朝陆士衡的《猛虎行》一诗所写“渴不饮盗泉水，热不息恶木荫”。日本如今正是在渴饮盗泉水。

东京单极化集中的经济

和中国的分散经济相反，日本是东京单极化集中的经济模式，其结果使地方失去了活力。日本政治和经济都依赖东京，成为头部非常巨大的畸形国家，正是“一将功成万骨枯”的经济。

2015 年北京地区的生产总值若为 100 的话，上海为 109.2，天津为 71.9，重庆为 68.3。日本 2014 年东京都的地区生产总额若为 100，大阪则为 39.9，爱知为 37.9，神奈川为 32。

日本地方经济的衰退早在 30 年前就被指出。30 年前有一句话非常流行："卷帘门紧闭的一条街。"因为日本地方的商业街很多停止营业，满街落地的卷帘门变得非常显眼。

但是30年过去了，地方经济复苏仍然没有太大进展，反而是向东京的集中在加剧。

2007年地区生产总值，若东京为100的话，大阪为42.2，爱知为40.3，神奈川为34，由此可知东京集中的现象在加剧。

安倍首相将"地方创生"列入选举公约。但是早在30年前"卷帘门紧闭的一条街"就已经成为问题，为何直到现在才想起"地方创生"呢？

中国的"分散经济"可以从经济活动的多个领域看出来。正如笔者在第一章中讲的一样，500强企业的本部及金融机构的本部，大学也在全国分散。

日本上市企业的总公司所在地50%在东京，第二位大阪占11.3%，排名第三的爱知县仅有6%。将"本社在东京"作为宣传的筹码直接提出来的企业也非常多，由此可以看出"东京崇拜"的一个侧面。

地方缺乏就业机会，女性纷纷到东京，导致"娶妻难"的现象也非常严重。

虽然一方面呼吁着地方创生，但另一方面却选择在东京召开下一届奥运会。磁悬浮新干线的建设，也加剧了东京集中。日本的政治显得"杂乱无序"。

从仅仅停留在口号层面的“地方创生”也可以知道日本政治的不严谨。

前文中提到了中国政治的优势在于政策的可延续性和执行。但是，日本却是“支离破碎”的政治在持续，仅仅留下很多亟待解决的课题，国会连续几十年都在讨论同样的议题。

1978 年 3 月 30 日《朝日新闻》的标题为《空降天国，再创纪录》，提到政府官员退休后空降到关系密切的企业再任职的问题。但如今这个问题仍是媒体讨论的热门话题。

表 8　日本排名前十的地区生产总额和比例

地区	地区生产总额(亿日元)	以东京为 100 时的比例（%）
东京都	949021	100
大阪府	379340	40.0
爱知县	359903	37.9
神奈川县	303220	32.0
埼玉县	209144	22.0
千叶县	200449	21.1
兵库县	197881	20.9
北海道	184846	19.5
福冈县	181122	19.1
静冈县	154425	16.3

内阁府资料

老龄化社会

在日本，“护理难民”正在急速增加，因为原本护理父母的人群年纪也越来越大，自己也成为需要被护理的一方。

日本65岁以上的人口到2042年将增加至4000万人。2.8名国民之中，就有一位是老年人。今后75岁以上的人口会持续增长，老人护理的费用会急速增加。而且因为儿童的数量在减少，所以日本将会迎来人口减少的社会，2050年前后日本的人口将会减少至1亿人以内。

日本目前很多餐饮店都面临着人手不足，服务不到位的问题。小卖店和餐饮店打工的老年人也在增多。很多访问日本的中国游客都感到很惊讶：日本仍在工作的老年人为何如此之多？但是，这种状况并不能持续。

少子、老龄化社会和战后出生的婴儿潮一代的退休，日本将迎来劳动力不足的时代，早在几十年前这一问题就已经凸显出来。

安倍首相在选举中，将老龄化社会称作“国难”。长时间没有采取任何对策，事到如今再称其为国难也没用。不过是玩弄文字游戏罢了，这种政治才是真正的“国难”。

老龄化社会的到来，以及没有采取有效对策的日本将会步入没落的道路。

第五节　困于内部的社会氛围

枪打出头鸟的日本

日本近代化的契机是“黑船”的到来。为了打开日本的国门，一艘美国蒸汽船出现在东京湾。

当时，民众传唱的歌谣是这样说的，“让大家从太平梦中觉醒的蒸汽船”。

明治维新之前的300年，日本处于“德川幕府”统治下的江户时代，那是一个封建时代，也是闭关锁国的时代，是从海外来到日本的人、物、金钱、信息都受到限制的时代。在更早之前，日本处于自己在狭隘国土上彼此相争的“战国时代”。

也就是说，日本人的思维方式在漫长时间内都是在狭隘、封闭的环境下发展而来的。

第一章讲了1780年中国和欧美之间的交易，去美国的移民，进行横穿大陆的铁路建设的人们。美国的“黑船”抵达日本是在1853年，当时中国和欧美之间的交易已经非常频繁，但日本尚处在闭关锁国中沉睡的时代。

日本的“明治维新”是在排斥外国的“攘夷思想”指导下推进的。在有关外国的知识和信息都比较有限的时代，发生了“明治维新”。

因为缺乏和外国的交流及相关信息，日本相继进行了“明治维新”“富国强兵”“军国主义”“侵略”。

侵略是“看不清世界形势的愚蠢的领导人”企图将日本变成军国主义的历史结果。

在闭关锁国时代，大多数日本人都是农民。“隔壁家种地，我家也种，隔壁家收割，我家也收割”，大家会彼此观望，一起做相同的事情，逐渐形成了彼此观望与趋同的社会习俗。

在日本有“枪打出头鸟”的谚语。“在意他人的社会”意味着“和周围的人做不同的事情会遭讨厌”。尽量减少自我主张，与周围保持同一步调，这样才能比较放心。日本人在长时间内已经形成了这样的氛围，铭刻进日本人的心里。

但是，培养“能在今后社会出头的人”是非常重要的。然而，在一个排斥异类的社会，想要做到这一点是非常困难的。

中国也有“厚黑学”，提倡人们应该厚着脸皮积极地生活下去。在中国，领军人物是受到尊敬的。但是日本社会却排斥不同和异类，讲究圆滑、安稳，不管从哪个角度切开都是“金太郎糖”（一种长而细的糖，不管从哪个角度切，出现的都是金太郎的脸)。勇敢面对国际社会的“中国”和枪打出头鸟的日本，中日的对比非常鲜明。

待在日本不愿走出去的年轻人

打下中国科学技术发展基础的重要因素之一是“留学”。

日本和中国不同，留学的比例非常低。现在从日本去美国的留学生数量仅仅只有中国的十五分之一，这主要是因为年轻人喜欢待在“自己熟悉的地方”，追求安逸的生活。

年轻人本来应该是创新进取的一代。即使缺乏社会经验，改革创新、锐意进取才符合年轻人的蓬勃朝气。这一点可以弥补年轻人在社会经验上的不足。

但是，日本的年轻人非常保守。在2017年的选举中，支持自民党获胜的也是年轻人。过去的日本年轻人曾经推动过反对安保条约的游行和斗争，对当下的政治体制能提出不同意见，但如今的年轻人多是现今体制的支持者。

这一情形有各种各样的原因，和社会趋向成熟、富裕程度、教育情况的变化、家庭因素都有关系。在笔者少年时代的日本，孩子的数量非常多，中学每个年级有20个左右的班级。家里的弟兄姊妹在竞争中长大。父母们为生计所迫，没有太多时间照顾孩子，往往是放养式的教育，培养孩子们的自立心。

但如今情况已经不同。随着少子化的演化，父母们会有充足的时间陪伴自己的孩子。如今孩子们的大学入学典礼、毕业典礼及和外校的比赛都有父母、祖父母的陪伴。这在笔者的学生时代是难以想象的。

日本也是一个温室的社会，其国民普遍对孩子非常有耐心。在这样的环境中成长起来的孩子“无争”“无求”“享受当下”，相对会比较保守。

但笔者的意思并非说要回到过去的时代。

趋向保守会导致贪图安逸、内缩的心理，会使成长和发展的空间受限。

年轻人趋向保守的话，会导致日本社会将来的发展受到限制。

而且，讨厌变化的年轻人也越来越多。日本赴海外留学的留学生在减少，与年轻人讨厌变化也有关系。和笔者有联系的进军中国的日企，为招募在中国开展工作的日本员工煞费苦心。

日本的电视节目最近也出于“日本，请重新找回自信”的目的，争相介绍“日本之精彩，不输给世界上任何一个国家”。但是，在笔者看来好像是劝说大家躺在过去积累的资产上睡觉一样。其实，在现今的日本，应该换一个说法，“日本已经落后了，在世界各国组成的队伍中会掉队”，这样的激励更有效。年轻人趋向保守缺乏朝气的话，日本势必会没落。

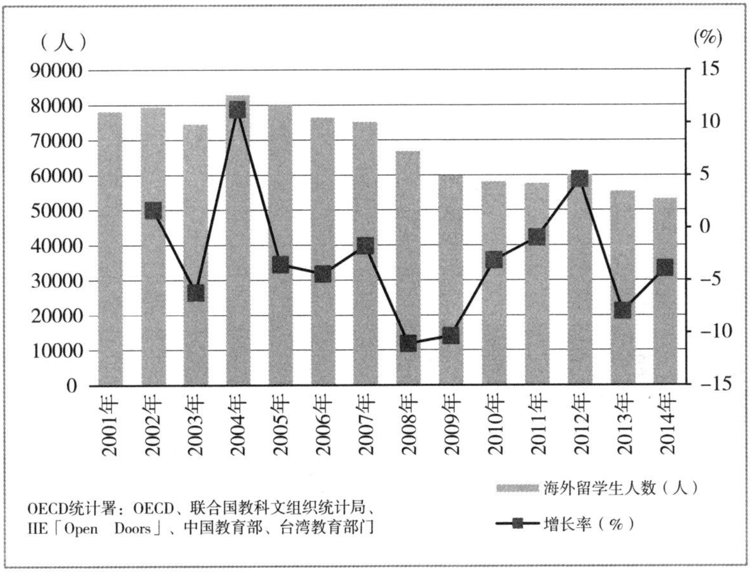

图 27　日本海外留学生的人数和变化

害怕风险的日本社会

日本已经进入成熟社会，在很多方面都已经比较完善，轨道也已经铺好，能看见前方的光景。

因此，对日本人而言，一旦看不到前进的方向，会觉得不安，不管做什么事情，先考虑的是风险，如果不能把问题点整理出来，就无法向前推进。

但是，中国的发展速度是非常快的，在整理问题点的时候，周围的环境已经发生了变化。

光是考虑风险的话，无法作出决断，迅速应对。面对日新月异，环境急剧变化的中国，很多风险是无法预见的，因此日本企业表现得踟蹰不前。

图 28 是 20 年多年前，日中投资促进机构面向日本的中小企业进行的问卷调查。314 家企业进行了回答。

当时，出于图 28 中所列的理由，日本的中小企业对中国的投资非常犹豫。

因此，从 1979 年至 1998 年，日本企业对中国的投资中，78% 是来自世界 500 强的大企业投资。和美国的 30%、欧洲 15 国的 34% 相比，日本的对华投资是以大企业为主体的。

笔者在 2001 年出版的书中，阐述了以下内容：

“和大企业不同，中小企业需要在既缺乏资本也缺乏人脉的情况下应对中国市场，所以中小企业迈出的每一步都非常谨慎，这也是可以理解的。但是谨慎地等待着云雾散去，天空放晴时看到的中国，那已经是中小企业所无法企及的巨人，也只有艳羡的分了。”

日本人非常注重计划。通过 Plan（计划）、Do（实施）、Check（审核）的形式谨小慎微地推进，这是日本式的做事方式。

但是海外事业这样做是不行的，需要更灵活地掌握现场的情况，并进行判断。

放权给一线人员，选择有判断力的人才是非常重要的。但是，日本企业的做法却大相径庭。极力限制一线人员的权限，也不配置有决定权限的人。

这样的做法是无法应对像中国这样环境在时时刻刻发生变化的市场的。

而且，日本的本部也不能理解中国的“一些特殊情况”。于是导致恶性循环，使日本远离正在不断成长发展的市场，未能进入亚洲成长中心也意味着日本的没落。

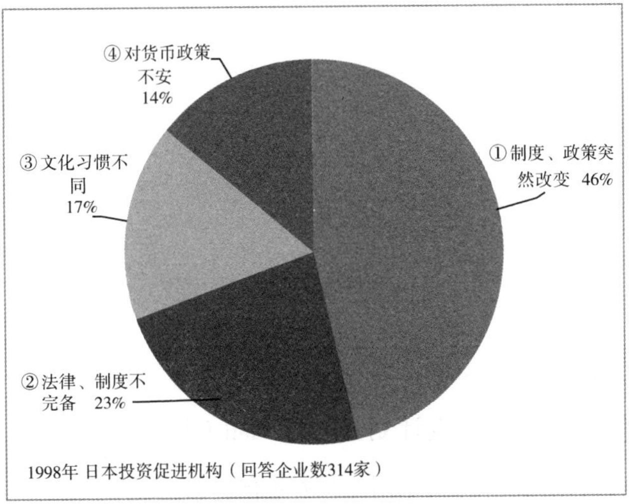

图 28　日中投资促进机构有关的日企调查问卷

第六节　应对成长中市场的迟缓

对市场的错误解读

1991年笔者刚刚开始在中国的工作时，在日本经常被问到如下问题："中国的工资多少钱？""哪些东西在中国比较好卖？"提出这一问题，说明大家心里只把中国当作生产基地，而没有当成市场。

那个时代有很多日本专家非常自信地对媒体说"中国也许有烧酒的市场，但是洗车市场还言之尚早吧"。很多日本人通过打听中国工厂的工资，认为中国作为市场还很遥远，中国没有日本人所期待的市场，也有很多日本人把中国当作一幅静物画，认为是一成不变的。

日本人对中国的印象是"世界工厂"，这一观念也影响了后续日本企业的应对。很多人正是抱着中国是"世界工厂"这一理念，所以即使进入中国市场，不是带着新技术、新产品进去，而是用已经过时的技术去对付中国市场。

过去东软集团的刘积仁总裁在日本的研讨会上讲了下面的内容：日本在对中国高科技领域的投资是很被动的。欧美企业通常会成立研发中心，将附加价值最高的部分，即最具竞争力的核心技术放在中国投资，并进行现地化生产。其理由是为了更进一步提高竞争力。

在上述对谈中，笔者曾向家世界连锁商业集团有限公司的杜厦董事长询问："您觉得日本的什么商品在中国市场最有竞争力？"

杜厦先生这样回答：

"日本的点心、小甜点、干货、配菜等都不错。口味和包装都很棒。日本的果汁、饮品种类也非常丰富。味道的种类之多，品类之丰富，是世界第一。茶饮料也很不错。但是，日本人只考虑中国的低成本，生产之后就会出口日本，看不到中国13亿多人的需求。他们从来不考虑使用中国的原料，开发面向中国人口味的产品，出售给中国。我们公司每年的销售额有60亿人民币，但却没有日系的商品，您不觉得遗憾吗？"

杜厦董事长所说的商品如今在中国成为人气商品，来日本旅游的中国人都会买很多这样的礼品带回国去。

对质量和技术的讲究

"新时代"中国的消费社会无论在数量还是在质量上都在

扩大。海外也瞄准了“中国制造 2025”即将带来的巨大市场，争相投入最先进的产品、技术和服务，因为中国制造的品质也在提高，也进一步刺激了市场的发展。

世界上名牌的服装、皮包，以及各种高级杂货品的总购买量中，中国占了 30%。2017 年，上海新开的高级品牌店占全世界新开的高级品牌店的 57%。

但是，日本品牌在中国市场所占的比例却并没有增长。虽然日本制造的产品有很多是电子产品的零部件，没有显现在表面。从这个角度来讲，可能有人会对笔者的观点持不同意见，但是从一般消费市场来看，日本产品在中国市场并没有表现得很强劲。

2017 年中国汽车销售台数，德国大众是 418 万台，日本企业中日产是 151 万台，丰田是 129 万台。

表 9 是从事 IT 销售的中关村在线公布的最受欢迎的十大智能手机机型和品牌名。日本企业从品牌的人气度上看，SONY 排在第 16 位，从机型来看，前 20 名以内都没有日本企业的名字。

中国的旅游市场和运动产品市场也在不断扩大。但是 2016 年中国的运动品牌鞋前十之中也没有日企。第一是耐克，第二是阿迪达斯，第三是安踏体育。

为何中国市场上，日本企业的名字较少呢？原因是多方面的，对中国市场对应的延迟及轻视是其中的一个原因。笔者认为，除此之外，还有日本企业在应对中国市场方面的笨拙。日本企业在技术方面很有自信。但另一个方面，不擅长开发和研究受市场欢迎的商品，产品的研发距离市场较远。

对技术太过于自信，以致对市场需求的应对比较迟缓。

以电脑为例，太执着于设计和产品的轻量化，导致耐震度和户外的应对较弱，还有一些忘记了产品本身的功能，只是为了研发而研发的产品。

日本的马桶盖在中国也很有人气。但是，笔者认为仅仅为了清洗屁股，日本的产品是否有必要开发出那么多的功能？过于执着某个方面，就会培养比较“宅”的文化，难以获得一般人的认同。太执着于技术会导致价格偏高，在和本地企业的竞争中没有优势。

笔者所了解的一家汽车零部件加工企业，同样品质的零部件，德国大众等欧洲企业能接受，但是在日本企业就会成为不良品，日本企业对质量的过分追求也成为话题。

表 9　智能手机 品牌和机型人气前十

排名	人气前十品牌	排名	人气前十机型
1	VIVO	1	VIVO　X20
2	OPPO	2	OPPO　R11 s
3	SAMSUNG	3	HUAWEI　Mate10

续表

排名	人气前十品牌	排名	人气前十机型
4	HUAWEI	4	荣耀 V10
5	苹果 iphone	5	一加 5T
6	小米	6	苹果 iphone
7	荣耀	7	小米 6
8	MEIZU	8	苹果 iphone 6 s
9	金立	9	三星 Galaxy
10	一加	10	魅族 魅蓝 Note6

中关村在线

表 10 2016 年运动品牌服饰·鞋市场销售额前十

顺序	运动品牌厂家名	市场占有率(%)
1	耐克	18.6
2	阿迪达斯	16.4
3	安踏体育	10.3
4	李宁	5.6
5	特步	4.9
6	新百伦	4.1
7	361°	3.8
8	鸿星尔克	2.4
9	国威	2.4
10	匹克	2.2

《第一财经周刊》2018 年 1 月 15 日

大家一起走就不害怕

这 30 年，中国市场的变化非常快速。街上女性的服饰发生了变化，鞋子也变了，自行车变成了汽车，拥有肯德基和星巴克的城市也越来越多了。笔者 2004 年出版的书中对 1990 年上海还没有，但是在 2004 年已经有的行业和服务业进行了总结。

1991 年，笔者受日本高尔夫用品厂家的委托调查中国的高尔夫用品市场。

当时别说高尔夫用品的销售，上海的商场里体育用品也非常少。营业时间里，商场的灯突然熄灭的情况也并不罕见。

笔者在 20 世纪 90 年代经常对日本企业家讲到中国的生意是“先行一步的生意”。能够动态地看中国，发现中国是一个“巨大的消费市场”的公司，会先行一步开始对中国的投资，将其他公司抛在后面。在一些行政审批受到限制的行业，也有很多公司通过先行一步获得成功。

但很遗憾的是，能做到先行一步的企业是少数，无法先行一步是日本企业的特点。“大家一起就不害怕”也是日企的特点。

因此，笔者在报社举办的研讨会上讲了下面一番话；

“将中国的技术和投资比作云的话，流入中国的行云，变成恩泽雨露，也会给日本带来好的经济效益。日本位于接受这一恩惠的最佳位置。行云变成雨露时，如果日本远离中国，那么这些恩泽就会越过日本，被欧美国家接收。”

如今这些恩泽已经越过日本，飘向了欧美。其典型例子就是“中欧班列”的急速发展。

汽车领域中最先进入中国市场的是德国大众，手机领域是摩托罗拉。他们应该没有问过“中国人的工资是多少钱”“中国是否有市场吧”。即便市场的形成还很遥远，但它们却为了让市场开花结果，进行了研究和准备。很多欧美企业在中国进行投资的同时，会成立研究开发中心，但是能够这样做的日本企业却非常少。

看到市场的变化后再开始行动的企业往往是很难进入中国市场的。因为它们缺乏应对中国市场的智慧。如果日本企业对中国市场的应对比较消极的话，那么今后迎来新时代，继续大放异彩的中国市场将会与欧美接轨。德国、法国、英国、美国正在虎视眈眈地做着相关准备。

考验自身能力的市场

20 世纪 90 年代，笔者曾询问过肯德基上海总部的陈耀东总监怎么看中国的市场。总监如此回答，“中国的店铺开发有无限的可能性，与其问中国是否有市场，不如问自己是否有能力做出来。和日本的情形不同，在中国，肯德基比麦当劳做得更成功。其原因是肯德基的组织体系更有效率。也许是因为肯德基认真研究过中国的市场，摸索出了适合中国的经营模式吧。我自己也是从美国来到中国，当时真的没有想过要对中国的餐饮行业的投资做如此多的研究”。

无独有偶，在笔者前面提及的研讨会上，松下电器产业的代表取缔役常务（海外担当）少德敬雄先生做了如下发言：“我们不应该仅仅将中国的实力看成威胁，而应思考如何将中国的产业竞争力纳入自己公司的全球化战略中，让其发挥作用。”

两者都提到能否成功应对中国市场取决于自身的能力。

要想应对中国市场，需要对其进行研究，并需要具备相应的能力。

笔者在这里和大家分享一下自己的失败经验。1992 年，笔者和同济大学共同成立了一个快餐店。当时在上海的人民广场仅仅只有肯德基 1 号店。笔者坚信快餐一定会有巨大的市场。于是在大学校园内盖起了工厂，在正门前开了一家店，但是却失败了。

失败的原因，正如陈耀东总监所说，自身不具备运营餐饮业的能力。而且选择的是巴西快餐，可能太剑走偏锋了。

很多日本企业对技术很自信，但是自信过度的话就会变成自负，丧失与市场匹配的灵活性。

圆圆的坑里只能打入圆桩子，但很多企业却硬要将方形的楔子塞进去。

挑战进军中国市场，却最终失败的企业谈起原因时，很多提到了中国市场的特殊性及和本地企业之间的激烈竞争，但是很少有企业从自身寻找原因。

中国经济不仅仅是投资牵引性经济，消费的贡献度也非常高。

今后中国这个“世界工厂”的“人力资源”将会成为“消费大军”。

随着迈进新时代，中国将会迎来共同富裕的社会，消费市场将会进一步扩大。

对中国市场应对的延迟，将会导致日本的没落。

参考文献

· 独立行政法人科学振兴机构中国综合研究交流中心 2014 年版《中国的科学技术现状与动向》

· 独立行政法人科学振兴机构中国综合研究交流中心 CRCC 研究会第 85 次研究会《中国的宇航开发动向 2015》

· 独立行政法人科学振兴机构中国综合研究交流中心 CRCC 研究会第 88 次研究会《中国的海洋科学技术动向》

· 独立行政法人科学振兴机构中国综合研究交流中心 CRCC 研究会第 99 次研究会《中国的科学技术超过日本了吗？》

· CUC View & Vision《关于中国人民银行的金融政策》（田中修）

·《习近平政权的新理念》（胡鞍钢、郑一龙、唐啸等 日本侨报社）

·《美国和中国》（松尾文夫 岩波书店）

·《中国故事物语》（河出书房）

·《邓小平与中国外交》（王红续、孙浩、梁琳 中国民主法制出版社）